「バカ」と「憲法」

奥薗 守

栄光出版社

「バカ」と「憲法」 目次

第一章 「馬鹿」の考察

第二章 「バカ」のいろいろ

第三章 世界の国の「バカ」

第一章　「馬鹿」の考察

1　「馬」と「鹿」

世の中、他人を「馬鹿」と呼んだり、或いは「馬鹿野郎」と罵《ののし》ったり、自らを「馬鹿だった」とか「馬鹿なことをした」と後悔する者、様々である。

職場では、自分の権威で人を見下げる上司が「俺の課には、馬鹿ばかり揃っている」とか、「何やってるんだ。この馬鹿が」などと公然と口にしている。上司に限らず、同僚と酒を飲んでいるとき、「奴はほんとにバカだね」と、陰でいう場合もあるが、面と向かって「バカなことを言うなよ」とか、「バカな真似はよせ」ということもある。

また、職場で内部告発すると、上司や同僚から「馬鹿なことをして」とか「バカだな」と言われる一方、「勇気があるよ」とか「よくやった」と称賛する人もいる。

「馬鹿」のひと言でも、「バーカ」とか「馬鹿！」というイントネーションによって異なってくる。その語尾に「野郎」をつければ罵倒語《ばとうご》にもなり、「馬鹿なことはするなよ」と言えば、忠告にもなる。

一方、「バカこそ我が人生」と「バカ」を謳歌し、また「バカになれ」と激励する人もいる。「バカ」と言った方も、言われた方も、「バカ」の意味は千差万別、それぞれ人によって異なる。

「馬鹿」の語源は、秦の宦官《かんがん》趙高が皇帝の前に鹿を差し出して「これは馬です」と強弁した故事に基づくと言われている。その頃、中国の東北には、アカシカと呼ぶ白斑のない巨大な鹿がいた。つまり、強弁できるほど馬と鹿は似ていたのである。

趙高が二世皇帝胡亥の前へ鹿を曳いて来させたのを、司馬遼太郎著「項羽と劉邦　上」(新潮社)には、次のように書かれている。

「なんだ」

胡亥は、趙高の意図をはかりかねた。

「これは馬でございます」

と、趙高が二世皇帝に言上したときから、かれの実験がはじまった。二世皇帝は苦笑して、趙高、なにを言う、これは鹿ではないか、といったが、左右は沈黙している。なかには「上《しょう》よ」と声をあげて、

「あれが馬であることがおわかりになりませんか」

と、言い、趙高にむかってそっと微笑を送る者もいた。愚直な何人かは、不審な顔つきで、上のおおせのとおり、たしかに鹿でございます、といった。その者たちは、あとで趙高によって、萱《かや》でも刈りとるように告発され、処刑された。

宦官というのは、宮廷の業務を担っていた役人のことで、政治に関係して政権を左右するような力を持っていた。そこで、「馬鹿」は「鹿を指して馬となす」と間違ったことでも、強弁して押し通す故事となったといわれる。

〈本当に中国の故事からきているとしたら、「馬鹿」は重箱読みの「バカ」ではなく「バロク」と読まなくてはならない〉と主張するのが、松本修である。彼の著書「全国アホバカ分布考」（太田出版）には――

「バカモノ」とは「狼藉者」のことであった。そこで「狼藉者」という意味で「バカモノ」と人を罵《ののし》った。その結果、「バカモノ（狼藉者）」は、やがて「愚か者」の意味に変質していった。「バカモノ（狼藉者）」と罵られるような者こそ、まさしく「愚か者」と評価されるべき人間だったからである。

と。さらに、〈つまり「バカ」は本来、人の徳、人としてあるべき精神の美しさについて問いかける言葉であった〉と書いている。

人間は昔から「馬」と「鹿」を崇《あが》め奉ってきたことは間違いない。ギリシャ神話のなかに出てくるペレロポンは、翼のある神馬ペガソスに乗り、怪獣キマイラを退治した。そして、馬は古代から文明の発展と共に生きてきた。このことは、古代の銅板や壁画に示されている。シルクロードによる交通も、馬と共にあった。

日本では、馬は宮中の遊戯や競技に使われて、神事や祭礼にはつきものだった。それが武士の乗物となり、運搬や農耕に利用されるようになったが、今では農村からも姿を消した。残っているのは観光地や乗馬クラブ、競馬などである。競馬に天皇杯というのがあるが、これは競い馬として昔は宮中で行われていた名残りである。また、宮中で行われていた儀式に、「白馬の節会《せちえ》」というのがあった。

この節会のもとは、中国の古典『礼記』からはじまったといわれている。日本で行われていた白馬の節会は、ときどき中断したこともあったが、平安時代中期までは青毛の馬を使って行われていた。ところが、青い馬が白い馬に代わるという異変が起き、白馬ばかりを使用した儀式がつづいたという。

そして、白馬は神馬とされたが故に、昭和天皇が観兵式に跨がっていたのは白馬である。

ナポレオンの跨がっていた馬も、白馬であった。

さらに、権力者の象徴として貢ぎ物にもされてきた。日露戦争の終結時、乃木大将にロシアのステッセル将軍が水師営の会見で贈ったのは、白馬であった。

馬にまつわる故事は多い。〈世に伯楽あり、しかる後に千里の馬あり〉と、一日に千里走る馬も、名伯楽がいなければ優れた馬であることを知らないまま終わってしまう、というのである。これは、才能ある者も、それを見抜く人がいて初めて世に出ることができるという例えで使われている。伯楽とは、馬の良否を判断する人のことで、「はくろう」とも「ばくろう」とも読む。「ばくろう」の名は、馬相見の伯楽に由来しているわけだが、現在「博労町（ばくろうまち）」という所は、大阪にも鳥取にもあり、「馬喰町（ばくろちょう）」は、東京の日本橋にある。馬喰というのは、一般的には牛や馬の取引をする商人のことで、馬喰のほか、馬博労、馬苦労、白楽などの字が当てられたことがある。

また、人生の禍福は常に定めないことを〈人間万事塞翁が馬〉という。ここでいう「人間」とは、世の中のことで〈人間、至る所青山あり〉の場合と同じである。時間がくるまでは、現在の状態で辛抱していなさい、という戒めで〈馬に乗るまで、牛に乗れ〉とか、良いものを捨て、悪いものに乗り換えるのを〈馬を牛に乗り換える〉という。相手を倒し、或いは屈伏させるには相手の頼みとするものを倒すのが早道、のたとえに〈将を射んと欲せば先ず馬を射よ〉とか、批評は後にして、まず経験してみろという〈馬には乗ってみろ、人には添うてみよ〉とか、経験は尊いという意味で〈老いたる馬は路を忘れず〉という。

一方、鹿にまつわる神話や伝説も多く、神鹿（しんろく）崇拝が行われ、春日神社の鹿を神の使いとしていることは有名である。また、光明皇后はシカの胎内から産まれたという伝説もある

故事には、一つのことに夢中になると、他のことには注意がおよばなくなることのたとえを〈鹿を追う者は山を見ず〉という。同じような意味で〈鹿を追う者は兎を顧みず〉と。予想が外れてつまらない結果になることを〈鹿の待つところの鹿〉と言い、なんの効果もないことを〈鹿の角を蜂が刺す〉という。

いずれにしろ、馬と鹿は、未開時代から人類に深い関わりをもち、崇《あが》めたてまつってきたのである。それが、いつしか軽蔑語や侮辱語に比重が置かれるようになった。

このような経過からか最近は、「馬」と「鹿」に失礼と思ったのか「馬鹿」を「バカ」と書くようになった。

しかし、「馬鹿」を弁護し、「馬鹿」を褒めたたえてヨーロッパ中を驚かし、かつ喜ばしたのが十六世紀初頭に出版された人類最初の哲学書とも風刺文学ともいわれている、デジデリウス・エラスムスの書いた「愚神礼賛」である。この本のなかで著者が主張しているのは、

人間の力の幸福の源は、「愚かさ」の中にあるというのだ。

ところが、〈何はともあれ、馬鹿をさらしものにするくらいはペリシテの徒のやることで、特別な腕前はいらぬとエラスムスは思ったのだろう〉と言ったのは、ホルスト・ガイヤーである。ペリシテとは、古代、南部の地中海沿岸地域に入植した民族で、「芸術や文学などに関心のない無趣味な人」と比喩《ひゆ》して使用される。

ホルスト・ガイヤーは、人間全部が馬鹿げた行動をとっているという。彼の著書、「馬鹿について　人間―この愚かなるもの」(共訳　満田久敏・泰井俊三、創元社)では〈知能が低すぎる馬鹿〉と〈知能が正常な馬鹿〉、そして〈知能が高すぎる馬鹿〉の三部に分けて書いている。

〈知能が高すぎる馬鹿〉の第三部では、〈本当の知能はないくせに、高尚な言葉をむやみとまき散らせる能力は、浅薄でおしゃべりの社交界で活躍する薄馬鹿の一ばんの特徴で、精神病学者のブロイラーは、これを「比例痴呆」と呼んだ。その意味は、こうした人々はふつう世間並みの人とくらべて精神薄弱であるとか、はっきりした馬鹿というのではないが、その目指す地位にふさわしい知能を持たない、というのである。彼らのおしゃべりを聞いていると、なかなか機敏で如才がないから、そうとう長く話し合うとか、理屈で問いつめてみないと、その頭のカラッポなことが見抜けないものである〉と。

私が思うに、今の日本の政治家の大半はこの部類に入るだろう。特に、「積極的平和主義」など無内容なご託を並べる安倍晋三首相は、その最《さい》たるものである。

ホルスト・ガイヤーは、〈これだけは心得おくべし〉の結びに、〝人生の愚かさについての格言集〟として――

人類は、有史以来ちっとも賢くなったような形跡はない。仮に平均の代表者をとってみても、むしろ愚かにさえなっている。たしかに今の世には、たとえばギリシャの昔にまさる天才は見当たらない。人類の原始的な欲望や不安は、たとえば中世期キリスト教の天国と地獄の絵図が、現代の原子爆弾と宇宙苦に変わったとしても、その本質はちっとも変わるところがない。

文字どおりの人類絶滅を企てるものは賢人である。愚者には原子爆弾や火薬などつくれるはずがない。

と。確かに、原子爆弾や火薬などつくったのは賢者である。

賢者たちは、その後も環境を破壊しつづけている。原子力発電所を建設してスリーマイル島で事故を起こすと、今度はソビエトのチェルノブイリ原子力発電所で史上最悪といわれる事故を起こした。

日本では二〇一一年、福島で原発事故が起き、原子炉の底を突き破った核燃料の上に膨大な地下水が流れ込み、大量の汚染水が海に流れ出た。人類滅亡を企てているのは、賢者たちなのだ。

2　「馬鹿」を謳歌

〈人類最大の愚挙は、戦争と自然破壊であろう〉と書いているのは、筒井康隆著の「アホの壁」（新潮新書）である。

人類はやがて滅亡するだろうが、そしてそれは最終戦争以外の理由であるからかもしれないが、その時はじめてわれわれはアホの存在理由に気づくだろう。アホがいてこそ人類の歴史は素晴らしかった、そして面白かったと。たとえ人類滅亡の理由がアホな行為であったとしても、アホがいなければ人類の世界と歴史はまるで無味乾燥だったに違いなかったのだと。アホとはなんと素晴らしいものであろう。

アホ万歳。

で、最後を締めくくっている。

「馬鹿になれ!」と薦めているのは、なだいなだである。彼の著書「専門馬鹿と馬鹿専門―つむじ先生の教育論―」(筑摩書房)の〈まえがき〉に、〈僕は馬鹿になれとすすめる。馬鹿は文化だからだ。馬鹿のつく表現がどれだけあるか数えてみれば、すぐにそのことが分かる。馬鹿は昔からいた。現在もいる。そして馬鹿は滅びない。利巧とか、頭がよいとかつく表現を数えればいい。すぐに品切れになる。文化でない証拠。あるいは文化であっても、その浅い文化である証拠だ〉そして、〈馬鹿であり続けることは難しい〉と。

さらに、〈馬鹿になって〉質問しよう。〈愛国心を教えろという教育委員、あるいは校長に、丁重に質問しよう。「あなたはなんでも親切に教えてくださるという評判なのでお願いします。わたしは馬鹿でわからないので、教えてください。古今の名言の中に見つけたのですが、『愛国心とは、ならず者の最後に頼る手段である』は、イギリスの、一八世紀の文壇の大御所、サミュエル・ジョンソンの言葉です。どういう意味なのでしょう。どういう状況をいわれたのでしょう」。馬鹿は自分で調べる必要はない。催促するだけでいい。利巧には、調べて答える義務がある。利巧が、調べて、どのように答えたらいいか苦しんでいる姿を見て、十分にたのしもう〉と。

これを実践していたのが、日本のゴッホといわれた山下清である。彼をモデルにした映画「裸の大将」(脚本・水木洋子、監督・堀川弘通)の主役を演じた小林桂樹は、山下清のことを「頭はかなりいい人なんですよ。皮肉っぽくからかうことを知っている。痛烈な批判的なこともいうわけです。深く追求した見方というものを持っているんですね。だから、ある時は周囲がからかわれちゃうんですよ。『アメリカと戦争して〝鬼畜米英〟っていっていたのに、どうして急に仲良くなったのかね』なんて、みんな困るでしょ。その困るさまを面白がってるんです。わかんなくて聞いてるんじゃないんですよ。答えに窮するだろうとわかってて、われわれをからかい半分で困らせて遊んでいる」と。

山下が徳川夢声と対談したとき、「ぼくが質問しても、先生もわからんときがあるね。先生は博士だから、すこしわかるかと思った。わからんときもあるんだな、むずかしいだな。大東亜戦争は、日本からアメリカへ戦争をふっかけた。あれはやっぱり東条さんが命令したんですか」と聞いている。

式場隆三郎も「ときどき、返答にこまる質問を受けるんです」と言っている。彼は、会う人に誰彼構わず質問して、相手を困らせて楽しんでいたのだ。

水野和敏も「馬鹿になれ!」と、声高に叫んでいる。彼の著書「バカになれ!」(文藝春秋）では、知恵をいったん捨てて「バカ」になれという。そして、「バカ」と思われるほど「なぜ」「どうして」と原理原則から考えれば、本質が見えてくると。

著者は、〈バカになることを怖れちゃダメだ。バカにされていいと思って素直に話せば、人は真実を教えてくれる〉と述べている。

人に尽くす人間、自分らしい自分になるには、「バカになる」のが手っとり早い。

俺の場合は、会社に入ったときから地のキャラが強すぎて、いつも上司に反発し、周囲を見下していた。自分の欲望のまま生きていた大バカ野郎だったが、販売店に出向してセールスマンをしているときに、身体障害者のお客さんと出会ったことで、一人ひとりのお客さんのために一生懸命、車をつくり、売ることとの大切さに気づいた。

そして、〈今の若い世代の最大の問題は、バカになれる人間が減っていることだと思う。なぜバカになれないのか？　親も学校も子供に利口になることを強要するからだ、バカなことをさせない子育て。管理型の教育。その弊害はものすごく大きい〉と。

最後に、〈たとえ人にバカだクズだと言われて生きてきたとしても、死ぬときぐらいは自分を褒められる自分でありたい〉と。

伊吹卓も「バカになれ」という。彼の著書『『バカ』になれる人ほど『人望』がある』（講談社＋α文庫）の〈まえがき〉に、〈今こそ、「バカになる決心」をするときである。バカにさえなれば、自分が進歩し、人に好かれ、運がついてくるようになる〉と。

私が「バカになる決心」をしたのは、半世紀以上前である。そのとき私は夜、大学に通い、昼は総理府恩給局で臨時職員として働いていた。

当時、恩給局は国会議事堂と道路を隔てて建っていた。大量の臨時職員を採用したのは、軍人恩給が復活したからである。高校卒業待遇で日給二百四十五円、六〇パーセントが夜学生であった。

五時退庁のベルが鳴ると、学生服の臨時職員が一斉に門を出るので、恩給大学とも呼ばれていた。仕事は課によって異なり、山と積まれた書類にハンコをついたり、カードに数字を書き入れたりするだけであったが、一枚のカードを書くのに何秒だから、一時間には何枚というノルマがあった。毎日、日計票という報告書を提出させる課もあった。仕事中に隣の人との私語を禁じ、机の上に私物の本や新聞を置くことを禁じている課もあった。

従って、昼食時に食堂に集まってくる者たちの会話は、「休み時間に、どうして将棋してはいけないのかな」とか「どうして、頻繁に席替えをするのか」、「インキ壺の置き方が悪いと課長に注意されたが、俺はギッチョなんだ」など、愚痴と不満が渦巻いていた。

私の課にはノルマはなく、居心地がよかったので「バカになってれば、いいんだよ」とうそぶいていた。そして、仕事が途絶えたとき、私は書類の下に本を置いて読んでいた。

ところが、ショックな事件が起きた。M君が自分の仕事を終えて、新しい書類が入ってくるまでと、英語の本を開いていた。それが、たまたま職場に来た局長の目に止まったのだ。すぐに課長が呼びつけられて、M君はクビになった。

確かに、英語の本を開いていたことは悪いだろう。しかし、ものをポイと捨てるように即日クビというのが、私は許せなかった。といって抗議する手段はない。そこで、組合を作ろうと思い立った。それには、仲間を作らなければならない。といって、やみくもに声をかけることはできない。そこで、私はそれぞれが持っている本の貸し借りをする〝読書サークル〟を作る趣旨の回覧を回した。なかには、「こんな読書サークルなんて作ると、課長に睨まれるよ」と忠告する者もいた。しかし、幸いにも回覧は上司の目にとまらず、回した用紙に手持ちの書籍を書いてくれたものが四名いた。そのなかに、小林多喜二の「蟹工船」やトルストイの「復活」、オストロフキスーの「鋼鉄は如何に鍛えられたか」などの題名があった。

私はすでにそれらの本を読んでいたので、その男と急速に親しくなった。そして、四名で読書サークルを作った。このサークルによって、他の課にも「読書の会」や「歌う会」などのあることを知り、連絡をとった。

「とにかく、一度集まって、職場のことを話し合おう」ということになり、第一回会合が退庁後の夕暮れ、日比谷公園の芝生の上で開かれた。

「三時の休み時間には、新聞を読めるようにしたい」、「昼休みには、大声で歌えるようにしたい」、「頻繁に席替えしないで欲しい」など、改善して欲しい点が次々と出された。そこで、とにかく組合を作ろうという結論になって、多くの仲間を集めることがその場で約束された。このとき、私は「俺、バカになってやるよ」と宣言したのである。「バカになってやる」とは、猪突猛進、組合を作ること以外は考えない、ということである。

それから友が友を呼び、〝学習会〟や〝歌う会〟、大学の〝社研〟などで活動している者など、当局に不満を持っている者二十数名が集まって、組合結成準備委員会を結成し会合を持った。この会合で議論になったのは、「組合は、職員組合か臨時職員組合か」ということであった。「正職員は臨時職員と利害が相反しているから、一緒に出来ないのではないか」という意見に対して、「いや、同じ職場で働いている以上、一緒にならなくてはならない」、「しかし、正職員が入ると組合は弱くなる」、「それは逆で、強くなるのではないか」、「強い、弱いの問題ではないだろう」等々の議論の末、正職員にも組合加入を働きかけようという基本線が決定した。次いで、結成大会の日取りを検討した。

「早い方がいい。いつ当局の弾圧がくるかわからない」、「だから、極秘に行動してるんじゃないか」様々な意見が飛び交い、結局、情勢を見て判断することになった。

具体的な行動として機関紙を出すことになった。この機関紙についても「このような動きがずっと前からあったという印象を与えるのはまずい」とか「不満を持っている者のグループとして出した方がいい」、「第1号の反響をみてから準備委員会の名を出すべきだ」などの意見が出て、第1号は準備委員会の名を出さず、「恩給局有志」の名で出すことになった。

情宣部員はG会館に集まり、夜遅くまで編集した。一つ一つの原稿を分担で書き、それをまとめたり、何回も書き直したりした。トップ記事の「編集のことば」には、委員会決定の基本線が盛られるだけに、何時間もかかった。それから紙名もみんなで考えた。「のろし」「あけぼの」等々、しかし「俺たちは一人ひとりじゃないんだ。みんなが集まれば強くなれる。俺たちは葦と同じじゃないか」と言って提案したA君の「葦」を全員一致で紙名にすることにした。（職場の歴史をつくる会編「職場の歴史」河出新書）

機関紙「葦」第1号は、早朝にそっと机の上に置いたり、どこからともなく来たような「回覧」で回したりして手から手に渡っていった。

「わたし、最初は本当に読むの怖かったわ。だって今まで職場では、局長か課長の名前で出ていた回覧しか読んだことなかったんですもの。苦しい生活のことや局長の悪口をあんなにはっきり書いているなんて、とても想像できなかったわ」と語る人がいるかと思えば、「俺は紹介で入ったから、組合には参加できない。組合を作るなんてアカのやることだ」という人や「バカなことをしている」と公然と口にする者もいた。

ともあれ、「葦」第1号によって職場には、期待と希望が湧いていた。第2号は、〈恩給局職員組合結成準備委員会〉をトップ記事にした「葦」が、朝登庁する一人ひとりに、同じ敷地内にいた全林野労働組合員の手によって配付された。

当局は懸命になって、準備委員会のメンバーを探り出そうとしていた。スパイもどきに「どんな人たちがやってるんだ。俺も一緒にやりたいが、知ってたら教えて欲しい」と、探りを入れてくる職員もいた。

しかも、組合結成の前日、当局から契約書が臨時職員全員に配られた。職制を通して、直ぐ署名捺印して提出しろというのである。その契約書の内容は、契約期間は一カ月に限定していた。つまり、一カ月したらクビを切るという組合結成に対する妨害だった。準備委員の名前が出ないようになどと言っておられなかった。

私は契約書を提出しないよう、各課の職場を回って訴えた。演説の最中、課長が飛んで来て「お前は誰だ！　名を名乗れ！」と怒鳴った。私は「名乗る必要はありません」と、演説を続けた。一方、官公労の役員と準備委員は局長室におしかけ、契約書の撤回を迫った。交渉は長引いたものの、局長は契約書の撤回を約束した。

そして、組合結成の当日、私は庁舎の壁に「組合結成に参集しよう」と、手書きのステッカーを貼って回った。このとき、「お前は何をしている！」と課長に捕まった。とっさに口から出たのが「憲法に保障されたことです」という言葉だった。具体的には、第二八条の〈勤労者の団結権〉を指して言ったのである。

〝組合加入申込み書〟を職場に配ると、続々と加入申込み書が集まってきた。一方、当局の切り崩しも始まっていた。提出した後に「加入申込み書を返して下さい」と言う者が現れるなど、当局とのせめぎあいだった。

しかし、局の中庭で開かれた結成大会には、総評の高野実もかけつけ、凡そ千名の職員が集まって、恩給局職員組合が誕生したのである。そこで、「ノルマ制はやめろ」、「日給を三百円に値上げせよ」、「不当首切り反対」など、大会で承認された要求書を当局に提出した。しかし、賃上げの最初の回答は、入局年月日によって、五円、十円、十五円と段階的に上げるというものであった。組合はこの回答を拒否して、座り込みや庁内デモを繰り返した。

〈年の瀬も押し迫り、もうすぐ新年を迎えるというのに、わたしは何となく暗い気持ちになりがちです。でも、ボーナスが一・二五カ月分でました。日給が二十円上がりました。健康保険も来年から掛けられるようになりました。組合が出来てから間もないというのにこんなに沢山の収穫があったのは、実に驚くべきことだと思います。(田中生)〉

〈彼らの筆舌につくし難い努力の結果が、どれだけ千人余りの職員にはかり知れない希望を与えてくれたことだろう。北海道から九州まで地方出身の者が殆どであったが、友が友を招き、大きな輪となり団結していった。下宿に帰れば孤独であった。三度の食事も満足に食べられなかった。それでも職場にくれば仲間がいることで活き活きとしていた。たった一人の田舎出の青年であったが、心が一つになっていたから、当局が何と言おうと正しいことは正しいのだと結束して闘った。組合は強かった。(畑中生)〉

いずれも、機関紙「葦」への投稿である。そして、堰を切ったように様々な運動部やサークルが誕生した。暗い谷間に太陽が昇ったのである。

この時ほど、私は「バカ」になってやったことに満足したことはない。

3　「バカ」の魅力

〈今の世の中には「バカ」が足りない。そう思うのは、私だけでしょうか〉と書いているのは、村上和雄・宮島賢也著「どうせ生きるなら『バカ』がいい」(水王舎)である。目次には、〈バカの効能〉、〈世界はバカが変えていく〉、〈持つべきものは「笑われる勇気」〉、〈「すごい」より「楽しい」を大切に〉などが並んでいる。〈バカな生き方で自由に生きられる人は、そもそも遺伝子からして違うのかというと、決してそうではないようです〉と。ヒトにあってチンパンジーにない遺伝子は存在しない。では、その違いは何かというと「意識」や「心」の違いだという。そして、バカになることを恐れなければ、やってやれないことはない、バカの一念岩をも通す。さらに、人類を救うのは「笑い」である〉と。

どんなに賢く利口な人でも、その人の「すべて」が取り上げられてしまうような状況下では、ただただ絶望することしかできないかもしれません。むしろ、周囲を思い通りに動かしていたような賢い人ほど、それが不可能になったことにひどいショックを受けるものでしょう。

しかし、じつは絶望的な状況であればあるほど、「バカな力」が有効になってくるのです。

〈いまの世の中は、愚直で素直な人をバカにするような傾向がありますが、とんでもない間違いです。そういったバカ正直な素直さが、相手の利他の遺伝子をオンにし、結果として自分も相手もプラスになることがたくさんあるのですから〉と。

そして、最後に〈いまこそ私たちは、自分にも周りにも、目に見えない自然にも素直に向き合って生きる「バカな生き方」をすべきなのです〉と、訴えている。

「正直ものはバカを見る」とは、よく使われる言葉である。しかし、石積忠夫は「正直者はバカをみない」（ダイヤモンド社）という。

本物の成功をめざす人は、「正直者はバカをみる」という言葉に惑わされてはいけない。私自身の長年の体験から「正直者はバカをみない」と断言できる。結局、確かな成功をつかむには、物事に正面から愚直に対峙していくしかないのだ。それを本書で、私のやってきたことを通して語りたいと思う。

「一民間人に見本市を成功させることなど本当に出来るだろうか」と多くの人が半信半疑でいるなか、さまざまな難問を解決して、国際見本市を成功させた男の物語である。

「まっすぐバカ正直にやり続ける」（ダイヤモンド社）を書いた豊崎賢一は、「成長の秘訣は何か？」の質問に、「まっすぐ、バカ正直に、やり続ける――この一言に尽きます」と言う。そして、「何故？」の繰り返しが、「本質」に至ると。

「馬鹿」とは自由になること、と説いたのが彫刻家の空充秋である。一九九六年、京都市の仏教大学に寄贈した石門に「平成之大馬鹿門」と銘を彫った。すると大学側は「馬鹿という言葉は、教育機関に相応しくない。大学に不適切なので削って欲しい」と要求したので、対立したのである。

その経過を書いたのが空充秋著「平成之大馬鹿門」（国書刊行会）である。〈序〉には、〈――トンチンカンと石を叩く、別に私が偉いわけでもなく、ただ世の中を真面目に見ようとしているだけで、訳の分からない輩に分からせようとか、説明しようとか、面倒臭いことをしなくてもよいのであるが、ものづくり人生には、ここいらで一つ馬鹿になってなんでも書かなければなるまい。世の中馬鹿いろいろ、馬鹿には際限がないから、夢いっぱい、馬鹿は死んでも直らない〉と。

大学側が「馬鹿」という言葉を不適切だと判断した理由は、〈第一に『馬鹿門』は『馬鹿者』に通じ、関西弁における『バカモン』は侮辱的な語感をともない、品性に欠けることです。第二に『馬鹿』と言う言葉は、自らを指す場合は謙虚語となり、誰も不快感を催しませんが、他者に対しては使用を慎むべき侮辱語に当たり、聞く者、見る者に不快感を与え、この文字が刻まれた門を通る人の人格を傷つける恐れがないとは言えません。第三に『ばか』は『痴』を意味する梵語の慕何（ばか）の転訛で、中世の頃から無知の人に対する侮蔑の俗語として僧侶が言いはじめたのであります〉と「馬鹿」について解説し、設置することが出来ないというのである。

空は、「己を知り一生懸命生きろという『馬鹿』の意味も分からず、本当にバカだね」と、石門を香川県の自宅に持ち帰った。すると、全国の企業や自治体などから五十件を超える譲渡の申し込みがあり、兵庫県千種町が選ばれた。

最後に〈馬鹿になって仲良く幸せと平和を考え生きようと世界中に呼びかけようではありませんか〉で結んでいる。

〈今こそ、私たちは「バカ」から学ぶべきでしょう。動物や昆虫がやっている「バカだなあ」「滑稽だなあ」と思える行動の中に、人類を絶滅から救うカギが隠されているのです〉と書いているのは、藤田紘一郎著の「女はバカ、男はもっとバカ」（三五館）である。

著者は、〈男とはバカであることを宿命づけられた生き物かもしれないと思いました〉と。そして〈男の私が贔屓目に見ても、駆け引きにおいてはメスが一枚上手で、オスに勝ち目はないようです。「女がバカ」なのか、「もっとバカな男」は駆け引きで生命をつないで来ました〉と述べている。

「大物のバカ」になる五つの方法として、①自然の中で五感を働かせる。②遊び心を持つ。③「今」の意味を理解する。④「すべてはうつろう」ことを知る。⑤バカはバカでも、大物のバカを目指す、と書いている。

そして、〈愚直にとことん熱狂できる大物のバカになることが、素晴らしい人生の土台をつくるのです〉で締めくくっている。

菊原智明は、「たった1つのことを続けられるバカが成功する」（PHP研究所）を書いている。著者は、〈一流と呼ばれる人は、この戦略を取っています。凡人には、この戦略しかないのです〉そして、続けることこそ、凡人が勝ち残るための最も「確実な戦略」であると。小宮一慶も「バカになれる人はうまくいく！」（サンマーク文庫）に、〈自分はこれで生きようと仕事を決めたら、「一流」を目指すべきです。だれでも「一流」になれるチャンスはありますか〉と。

では、一流と呼ばれる人は、どんな戦略を取ってきたのか。具体的に、「一流のバカになれ」（アチーブメント出版、小佐田愛子訳）を書いたレンツォ・ロッソは、利口な奴とバカな奴を対比させている。

著者が、カンヌで栄えある広告賞を受け取るとき、自分の元で働いてくれた四人のスタッフにも受賞の瞬間を味わってもらおうと、自分の顔を模したゴムマスクをつけさせ、一緒にステージに登った。

何をするにしても、バカな要素は十分か。市場に衝撃を与えられるほど大胆になっているか。妥協して期待を裏切っていないだろうか。〝バカになれ〟は一人ひとりにこれらを自問させ、力を与えて行動を促す哲学だ。

そして、〈利口な奴は　事実を見る。バカな奴は　可能性に賭ける〉、〈利口な奴は　批評する。バカな奴は　創造する〉、〈バカをやってこなかったら、何も成し遂げていない〉、〈利口な奴は　頭で考える。バカな奴は　心で動く〉、〈バカの名において、信頼が集まる〉などなど。そして——

バカなやり方で、いつも事がうまく運ぶわけではない。

多くのバカな失敗を繰り返してきたが、いつも失敗に助けられて学び、成長し、経験を積み重ねてきたことを考えるなら、わたしはとても幸運だった。

その失敗こそが成功へと導いてくれると——

〈たった一人で何かできると考えるのは、犯しがちな失敗の中で最悪のものだ〉と、この考えが、スタッフにゴムマスクをつけさせ、〈バカになって、もっと創造しよう〉という信念が、スタッノや観客に感動を与える結果になったのである。

吉原英樹著『『バカな』と『なるほど』経済成功の決め手!』(PHP研究所)には、〈戦略には、差別性と合理性の二つの条件をそなえていなければならない。なかでも差別性が重要である。戦略が成功するためには、なによりもその戦略はユニークでなければならない。同じようなことを、競争企業から「バカな」といわれるくらいユニークでなければならない〉と。

木村尚義は「バカのアイデアだけが世界を変える!」(宝島社)のなかで、〈はたから見れば、単に「常識や前提条件を無視して暴走する人」のように映るかもしれません。常識はずれのことをしてしまうから、常識人(という名の凡人)から見るとバカに見える。けれども、常識はずれのことをするから、凡人には考えも及ばないような偉業を成し遂げられるのです〉と。

〈今の世の中、バカになれる器を持った男が減っている。ミスを恐れ、小さくまとまり、無難に歩む人が増えている〉というのが、潮凪洋介である。

彼の著書、「バカになれる男の魅力」(三笠書房)によれば、「バカになれる男」は、〈・小さな枠におさまらない。・常識に縛られない。・何かひとつ熱中するものを持っている。・

図太い精神力と行動力がある。・けじめがつけられる。・人を楽しませることができ、自分も楽しむことができる。・自分を笑いとばせる〉と、書いている。

そして、〈「バカになれる男」の人生は必ずうまくいく〉、〈結局、勝つのは〝はみだす勇気〟のある男〉、〈「人を見る目」のある男、ない男〉などの章が並び、〈成功したければ、一度は「バカ」になってみることだ〉という。

そして、最後に、〈バカな夢が男の人生を愉快にする〉で結んでいる。

常識外のことをして人を楽しませ、自分も楽しむことができるものの一つにマジックがある。

私が〝あの戦争〟を語りながらマジックを披露したのは、「ナルク市川拠点生きがいづくりの会」である。


第2回の会は冷たい雨降る中、わたしたち主催者の心配をよそに前回を上回る参加者を得て12月11日午前、市川公民館で開かれました。師走の忙しさよりもひきつけるものがあったということでしょうか。前半は奥薗守さんのマジックとお喋りで参加者の興味をひきつけました。まず始めに、「戦争とマジックに共通点があります。何かと思いますか？」という問いかけから始まりました。みなさんはどうお考えでしょうか。奥薗さんによれば、①どちらも前もって予告しない。②真実を隠す、という点だそうです。あの大東亜戦争は、昭和16年12月8日に日本軍の真珠湾攻撃から始まったのでした。そして常に真実は伝えられないで嘘の情報が流される。年配者には嫌というほど思い当たる事柄です。お喋りしながら新聞紙をたたみ牛乳をそそぎ込んでも、広げてみると牛乳など一滴もなくて、濡れてさえいないというマジックに参加者は歓声をあげて喜びました。

（「ふれ愛ローズ」より　二〇一〇年一月　発行人・桑原磐男）

今では、〝ウエスタン・マジッククラブ市川〟の仲間と老人ホームやお祭りなどで披露し、小学校の〝手品クラブ〟にも指導に出掛けている。

彼らが進学するときには手紙を貰う。

奥薗先生へ

一年間どうもありがとうございました。一年間手品をやったので、ずいぶん手品をまなびました。トランプ、ロープ、シルク、スーパーボールをやってもらってありがとうございました。ぼくは、先生にならって帰ってお母さんに見せたら「すごい」と言ってくれたので、うれしかったです。ぼくが一番好きな手品は、コップとちいさいボールを使った手品が大好きでした。

これからも、もっと手品やりたいです。本当にありがとうございました。

なかには、〈ぼくもいっぱいしかけを考えて、自分で手品を考えていきたいです〉という手紙もあった。

常識外のことをするのがマジックだが、「バカ」も常識外のことをする。

4　「バカ」の本

題名に「バカ」のつく本を代表するのは、なんといってもベストセラーになった養老孟司著の「バカの壁」（新潮新書）であろう。本書は自分が知りたくないことについては、自主的に情報を遮断する一種の「バカの壁」を持っていることを身近な例で説き起こしている。

賢い人と賢くない人の脳は、どこが違うのか。外見は全く変わらない。では、利口、バカを何で測るかといえば、〈結局、これは社会的適応性でしか測れない〉という。

この本の目次の〈教育の怪しさ〉のなかで、〈東大のバカ学生〉という見出しで――

一番印象に残っている酷い例は、東京大学での口述試験での体験。頭の骨を二個、机の上に置いて、学生に「この二つの骨の違いを言いなさい」と聞いたことがある。すると、ある学生が、一分ぐらい黙った挙句に、答えは「先生、こっちの方が大きいです」。「おまえ、幼稚園の入園試験でリンゴの大きさを比べているんじゃないぞ」と思わず言ってしまったのですが、そういう学生が実際にいる。愕然、呆然でした。

著者が期待した答えは、「状態から見て、こちらの方が古い」でも、「こちらは若い男性で、こちらは女性だと思います」でも、なんでもいい。違う固体なのだから、無数に違いはあるという。

東大に限らず、こういう学生はどこの大学にもいると私は思う。こういう学生こそ、私に言わせると〝三流バカ〟である。

ひと昔前、「最近の東大生は何も知らん」と馬鹿扱いにして話題になったのが、立花隆著の「東大生はバカになったか」（文春文庫）である。著者は、その元凶は文部省だと指摘して、日本を救おうと思ったら、一刻も早く文部省を解体すべきだと主張した。この本は二〇〇一年に出版されているので、文部省は現在の文部科学省である。

それから六年後、〈日本の大学生はおしなべてバカといっていい〉と、石渡嶺司は「最高

学府はバカだらけ　全入時代の大学『崖っぷち』事情」（光文社新書）に書いている。

著者が模擬面接で面接官役をしたとき、新聞記者希望の学生が「ブロック紙って、何ですか」とか「カホクって、何ですか」と、逆に聞かれて唖然としている。つまり、「調べる」という行動がまるで出来ていない。こうしたバカ学生を生み出しているのは何処なのか――

高校、文部科学省と並び、大学教職員がバカ学生の産出先として挙げるのが家庭である。

親が過保護なのか、しつけが不十分なのか、あるいは両方なのか。はっきりしているのは、これまでには考えられなかったような「変な親」による問題が教育現場で噴出していることだ。

これは大学も例外ではない。

さらに、〈大学教授が学生を叱ったところ、親が怒鳴り込んだ、という話などは今や珍しいものではない〉と。また、就職内定した学生が母親同伴できて、辞退の理由を母親が話して帰った、とか就職活動まで親というヘリコプターが飛んでくるという。

〈就活や大学受験でも、ここ10年間ずいぶん分と親向けの書籍が増えてきた。それくらい親の影響力が強くなっている〉と書いているのは、新井立夫＋石渡嶺司の「バカ学生に誰がした」（中公新書ラクレ）である。

〈どの大学も、オープンキャンパスのイベントに親向けの進路講演会などは盛況だ。親の影響力は、小、中、高、大学受験、そして就職にまで拡大している〉と。

〈子供の「学力低下」を考える際、「子供の学力が低下した」、つまり子供が「バカ」になったという大学の教員の言葉に私たちは耳を貸すべきではありません〉と言ってるのが、河本敏浩である。〈「学力低下」の真相を探る〉をサブタイトルにして、「誰がバカをつくるのか？」（ブックマン社）を書いている。

著者は、〈大学の教員たちの根底に流れる手抜き意識によって生じた「問題」に自らが翻弄されるのは勝手ですが、「バカ」を増やし、「バカ」を作り出しているのは自分だという自覚を最低限持っていてほしいものです〉と言う。そして、東大生の学力は低下しているようには見えない。問題は学力の低下ではなく、学力を身につけた後の、その力をどのように行使するかにあると――。

学生たちを「バカ」呼ばわりする著者がいる一方、「やっぱりお前はバカじゃない」（小学館）を書いているのが吉野敬介である。著者は元暴走族で、中学、高校と勉強せずにケンカと酒とシンナーに浸り、偏差値25の男が、ある日突然、大学受験を志す。そして、暴走族から大学生になり、つぎに予備校講師を目指して夢の叶った男の体験談である。

もう一人、中学生のときからヤンキーになって、不良社会に染まり、高校に入るとすぐに謹慎処分。卒業してトビ職となる。ゴミと呼ばれた男が二十歳のとき、今から勉強してもう一度就職しなおしても遅くはないと、情報処理の試験に合格。専門学校を卒業し、国家資格を武器にIT企業に就職。会社を退職してアメリカに渡った鈴木琢也は、「バカヤンキーでも死ぬ気でやれば世界の名門大学で戦える」（ポプラ社）を書いている。著者は自信を持って言う、「元ヤンキーでも、バークレーンで戦える！」と。

市民の様々なバカぶりを紹介しているのが、高橋春男著の「素人バカ自慢」（朝日文庫）である。風呂で「ドボン」と身投げの練習をしている娘や将来の希望を「立派なエロジジイになること」と答えた男。窓を拭いているお姉さんを、手を振ってくれたと勘違いした男など、すべて寸評をつけて面白く読める。

この女性版ともいうべきものが、清水修編著の「アホバカOL生態図鑑」（講談社文庫）である。目次には、〈天下御免のドジOL〉、〈泰然自若の無知・無恥OL〉、〈制御不能の奇行&キレてるOL〉、〈世紀の無茶苦茶OL〉などが並ぶ。

そして、新婚旅行から帰ると、新婦に性病をうつされていたり、コンドームを使って二度使用するケチな女、チンポコをアルコール消毒する潔癖症の女、初めて会った男に使用したコンドームを「お守り」に大切にしまっている女などが満載されていて、思わず「そんなバカな」と叫んでしまう。

テリー伊藤の著書「バカの正体」（角川書店）のプロローグには――

残念ながら、相変わらずバカだらけと言うしかない。

政権交代があってもなくても、政治は混沌。経済も先行きが見えない。教育も、医療も、環境も、知恵ある人間の英知が働いているとは、とても言えない。

ふと身近なところを見渡しても、バカばっかかし、などと偉そうに言っている私もまた大バカ野郎である。

そう、昔もいまも、右も左も、東も西も、北も南もバカばっかり、それが人間社会というものなのだ。

そして、バカの症状として、〈格差社会を嘆くバカ〉、〈死を恐れるバカ〉、〈高齢者社会を憂うバカ〉、〈ラーメン屋で並ぶバカ〉、〈「いい男がいない」とボヤくバカ〉など、46項目を列挙している。

著者は、〈あとがき〉で、〈あなたも私と一緒にバカを治そう〉と、呼びかけているが、私はバカを治そうとは思わない。一流のバカになる努力が必要なのだ。

また、樋口裕一は、〈ウソつくバカ〉とか、〈自分が見えないバカ〉、〈水を差すバカ〉、〈他人を攻撃するバカ〉など、「バカに見える人の習慣」（青春出版社）に60のバカを集めて書いている。

「みんな」という言葉をめぐって展開していくのが、仲正昌樹著の『「みんな」のバカ！〜無責任になる構造〜』（光文社新書）である。

授業中に廊下で騒いでいる生徒がいると「普通の先生」は教室から顔だけちょっと出して「みんな」に向かって、「静かにしなさい」と言うのだが、「私」は特に大声を出している個人のところまで行って「君、何で幼稚園みたいに騒いでいるの？」と聞くという。つまり、「みんな」と言っている間は、個人の自覚がない、無責任になる構図、というのである。この論でいくと、「みんなの党」というのがあったが、やはり消えていく運命にあったといえよう。

会社で上司が「付き合ってくれないか」と誘っても、部下が反射的に「無理っす！」という。こうした、即答する若者が増えたと、梶原しげるは「即答するバカ」（新潮新書）を書いている。

「自分はバカかも知れないと思ったときに読む本」（河出文庫）を書いたのが、竹内薫である。〈あえてバカになった偉人たち〉の見出しで――

いい方を換えると、バカにもいろいろあります。人によってバカの定義もちがいます。だから、場合によっては、バカにならざるをえないこともあるでしょう。

アインシュタインと発明王エジソンのこんな会話があります。

エジソンが、「基本的な物理定数はそらんじていなくてはならない」と主張したのに対して、アインシュタインは、「そんなものは理科年表を見ればいい」と反論したんです。

エジソンは、重要な数値を覚えられないなんてバカだ、といった。でも、アインシュタインは、発想やアイディアが大切なのであり、暗記は最低限でいい、と考えていた。つまり、アイディアがないことがバカなのだといった。

つまり、〈偉い人でもバカに対する考え方が異なることを示しています〉と述べている。

別な角度から、「脳はバカ」というのが藤田紘一郎で、彼の著書「脳はバカ、腸はかしこい」(三五館)には、〈腸が脳よりかしこい〉、〈幸せな脳は腸が作る〉、〈腸を可愛がれば、脳はよくなる〉などの項目が並ぶ。

昔、流行ったので知っている方も多いかも知れませんが、「みりん」と10回言ってみてください。「みりん、みりん、みりん、みりん……」。では、鼻の長い動物は？　私は即答で「きりん」と答えてしまいました。しかし、本当の答えはもちろん「ぞう」です。

このように脳は、客観的には物を見ていません。私たちは気づかぬうちに、脳にだまされていることがたくさんあるのです。

つまり、精神的な疲労が重なってくると、平素考えていた優先順位を脳は簡単に変えてしまうという。さらに、〈脳はバカなのでよく考えもせず、「とにかく油が足りないから摂れ」と命令します〉と書いたあと、〈脳の悪口の後に、腸のお手柄をまた褒めることになりますが、腸は油を摂りすぎると下痢を起こしやすくなります〉と。

最後に、「腸が喜ぶ」生活習慣の30近い項目をあげて、それを実践して〈腸も脳も喜んで元気になり、身体の不調も心の不安も確実に消滅すると私は思っています。このことがバカな研究を長年し続けてきた私自身への約束になっているのです〉で結んでいる。

一方、お節介にも、「バカはなおせる」という人がいる。「バカはなおせる」（アスキー）

を書いたのは、久保田競である。
この本では脳をよくするための基礎知識から、人生設計、老後の問題などを扱っている。そのなかの、〈高齢者になって一人暮らしを避けられそうもない場合の具体的な対策〉では、老人ホームにいくことは、個人的にはおすすめしません、と書かれている。

脳にも懐具合にもやさしい老人ホームというのは、地方自治体がつくるだけでは数が足りません。あまりあてにせず、自分たちで共同ホームをつくった方がいいのです。何事も、受け身でいるより、積極的にするほうが脳にいいという話を思いだしてください。「自分は結婚していないのだが、老人になったとき、一人暮らしでどうなってしまうのか？」という将来不安を抱いている若者も少なくないと思いますが、積極的に生きようと思えば、脳にもよく、なんとかなると思います。

確かに、将来不安を抱いている若者は多い。だが「積極的に生きようと思えば、年金も何とかなるのかね」と、著者に聞きたいところである。
また、精神医学で「バカ」を直すというのが、和田秀樹著の「バカとは何か」（幻冬舎新書）である。

著者はバカ恐怖、〈人からバカと思われたくない、自分から見てバカになりたくないということが最大の理由である〉と書いているが、私が「バカ」と呼ぶのは、主観的なものの見方である。コップも真上から見れば円形だし、真横から見れば四角に見える。

著者はバカについての私的な見解として、①バカとは多面的なものであり、多くの意味をもつ。いわゆる知能の心理学から見たバカや精神医学、心理学、ＥＱ理論から見たバカだけでなく、一般用語として使われる学者バカなどさまざまなバカが存在する。②そのため、よほどのことがない限り、誰もが一つや二つのバカに当てはまるという。

私が自ら、「ああ、馬鹿だった」と認めたのは、家を建てたばかりの頃、連帯保証人になったときである。

連帯保証人になったばかりに、夜逃げをしたとか、一家離散した人のことを聞いていた。しかし、大学時代からの友人に、「お願いします」と深々と頭を下げられると、断り切れなかった。「迷惑は決してかけない」と言ったが、二年後にその会社は倒産したのである。

倒産の知らせを受けたとき、私はよく読みもしなかった書類を机の引出しから取り出して読み始めた。書類には、〈担保権本登録承諾書〉、〈不動産登録法第22条による仮登録承諾書〉などがあり、〈抵当権本登録承諾書〉には、〈――私、奥薗守は下記の所有不動産に一〇、〇〇〇、〇〇〇円を限度とする根抵当権設定本登録を承諾しました〉とある。私はこれを読んで投げ出した。手足を縛られた人間が箱詰めにされ、ドラム缶に投げこまれ、その上からコンクリートを流しこまれたようなものである。

眠れない日が続いた。何も知らない妻は、鼻唄を歌いながら家の掃除をしている。人手に渡るかも知れない家を掃除してどうするのか、と思うも口には出せない。それから、私の金集めが始まった。そして、金集めに成功した。このときほど〝友は財産〟と思ったことはない。そうした友との交流は、今もつづいている。

第二章　「バカ」のいろいろ

1　バカ本のなかの「バカ」

「バカ」本のなかで、本格的な「バカ」は、ゲッツ板谷著、西原理恵子絵の「板谷バカ三代」（角川文庫）であろう。

冒頭、〈オレが所属している一族は頭が悪い奴、それと本格的なバカだけで構成されている。これからおっ始まるバカのドミノ倒しのような話〉と、家系図を示し、その中心にいるのが、バアさん（初代・祖母）、ケンちゃん（二代目・父親）、セージ（三代目・著者の弟）の3人で核兵器級のバカだと著者は書いている。そして、〈ケンちゃんはバカだから風邪を引いたこともなく、基本的には「気が遠くなるほどマジメ」なのである〉と。

ケンちゃんが、庭の雑草を焼くために使った火炎放射器で自宅を全焼させたあと、一分もたたないうちに、ケンちゃんは「後片付けが大変だから、この際もう一回火をつけちゃえば楽になるんスけどねぇ～」という。その2秒後、バアさんは「この家はボロだったんだけど、中には億という家財が入っていたんだよ」と見栄を張る。

その三日後、家を全焼させた父は拍子木を叩いて、「火の用〜心」と近所をまわり始めたという。〈たぶん、ソレを耳にした町内のほぼ全員が、（お前が一番〝火の用心〟をしろっつーの！）というツッ込みを入れていたに違いない……〉と。

また、結婚式で、「只今、国会を抜け出して参りました」と、マイクに向かって得意満面で挨拶した男がいた。

オレは、爆弾の導火線に火を点けるため、板谷家の各テーブルを回って、皆に酒を注ぎまくった。案の定、少しすると各テーブルから……

「もう先公の話はいいよ、つまんねえから！」

「裸のネエちゃん、いねえのか!?」

といったノロシが上がり始めた。

こうなると板谷家はハンパじゃない。

その後、〈結婚式はムチャクチャになった。どのくらいムチャクチャになったのかというと、ウチの伯父さん2人とセージが新郎の父親に訴えられた。本当の話である〉と。そして、新婦になるはずだったナオミの結婚はオジャンになったという。こうした通常考えられないエピソードが三十編程書かれているが、バカだといいながら家族を愛し、共同体の結びつきの強さが至る所に滲みでている。

著者には、この他「バカ瞬発力」(二見書房)や「やっぱし板谷バカ三代」(角川書店)などがある。

「やっぱし板谷バカ三代」の初出は「野性時代」の2005年である。登場人物は同じだが、ブカのおじさんとバアさんは他界した。

その後、二〇一五年には「とことん板谷バカ三代　オフクロが遺した日記篇」(角川書店)が出版された。

大学出ててもバカはバカ——というのが「早稲田出ててもバカはバカ」(ぴあ)の著者、円山嚆矢である。著者は早稲田を卒業後、映像制作会社に入社する。しかし、劣悪な労働条件、さらに正社員と外部スタッフの待遇の格差に見切りをつけて転職する。その転職先が風俗店だったのである。

勿論、最初から風俗店と分かって転職したのではない。ITベンチャーの社長という触れ込みで紹介されたのである。そして、入社初日に「実はね、ウチの商売ビジネスはオンナ商売——キャバクラ、風俗なんだ」と打ち明けられ「隠していたことは謝るよ」と言われる。本人は、〈もう引き返せない。どうせやるなら、とことんカネを稼ごう〉と、風俗店で働くことにする。

著者はその裏社会で頭角を現し、オンナの子を集め、管理し、しっかり出勤させて成功し、友達にすすめられるままクスリに手を出す。そのクスリの力を借りて、仕事はさらに波に乗り、4店舗の総括マネージャーに昇進。10名以上の部下を持ち、オンナの子約一〇〇人を管理するまでになる。月給はAD時代の五倍以上になっていた。

しかし、絶大な信頼を寄せていた社長が、給与明細上で所得税を源泉徴収しているように見せかけているのに不信感が芽生えはじめる。

その社長から、「数字に強いかどうか、すぐ分かる質問がある。7分の4と3分の2、少数ではいくつ？　どっちが大きいか即答して」と問われて、即答できなかった。すると、「オレも一応、三流大学は出てるけど、明らかにオレの方が頭がいいな。〝早稲田出ててもバカはバカ〟ってことかな」と笑われている。この言葉が、本の題名になっているのだが、その社長が脱税容疑で捕まったのを機に、著者は裏社会と決別する。

そして、クスリとも決別して不動産業界で働く。ここでも着実に実績を積み上げ、主任、係長、営業所長とスピード出世していく。しかし、会社の若手女子社員とネンゴロになって情事がつづく。その浮気は、これまで支えてきた彼女にバレる。彼女の弟からは、「オマエは、最低の男だ」と罵られ、殴られる。

不動産会社を辞め、多角展開を図っていた会社を経て、結婚して彼のあこがれていた一般企業に入社する。

著者は最後に、〈早稲田を出てても、バカはバカ。こんなに簡単なことに気づかずに、目の前のことに翻弄され、人に傷つき、人を傷つけてきた。そんなことはもう、終わりにしよう。バカはバカなりに、これから死ぬまで、一生懸命胸を張って生きていこうと思う〉で結ばれている。

バカ一筋に――〝豆腐〟をひっさげ、ひとりアメリカに乗り込み、豆腐が嫌いなアメリカ人家庭の食卓に豆腐をのせようとして20年間試行錯誤、悪戦苦闘した男の物語が、雲田康夫著『豆腐バカ　世界に挑む』（光文社）である。

当初、どうやって販売計画を立てればよいのか見当がつかない。なにしろ、アメリカ人は過去に豆腐を食べたことがないばかりか、嫌いな食べ物のナンバーワンで、家畜のエサと思っているのだ。

そこで、車のナンバーを〝ＴＯＦＵ　Ａ〟にしたり、アメリカ向けの豆腐レシピ本を出版したり、ロサンゼルス・マラソンに豆腐の着ぐるみをかぶって出たり、考えつく様々なことに挑戦している。

渡米から十数年、一九九〇年代半ばになって、当時のクリントン大統領が豆腐ダイエットを始めたり、豆腐は健康にいいという記事が「ニューヨーク・タイムズ」に掲載されたり、FDA（食品医薬品局）が「大豆蛋白は心臓病に効く」と発表したりしたので、ようやく風向きが変わってきたという。

そして、遂にオレゴン州に豆腐工場を建設した。ミスター・トーフの成功法則は、「バカになりきる」ことにあった。

本は十年前に出版されたもので、経済書ならば賞味期限切れだろう。ところが、「豆腐バカ世界に挑み続けて20年」と改題して、再び二〇一五年に集英社から出版された。

「社長はバカになって、『本気』を伝えろ」と、「社長は少しバカがいい」（WAVE出版）を書いたのは、エステー株式会社の会長・鈴木喬である。そして、「バカでなくて大将が務まるか」という。

「親バカ」は昔から存在しているが、さらに「野球バカ」を加えたのが桑田泰次である。彼は桑田真澄の父親で、息子自慢に終わることなく、少年時代の野球への取り組みを「野球バカ」（講談社）に書いている。

泰次は「桑田クラブ」という草野球チームを持つほど、野球が好きだった。草野球といっても準硬式なので本格的だ。そこで、真澄には小学生の頃からキャッチボールとトスバッティングを徹底的にやらせている。それも、口であれこれ教えるのではなく、全部、体で覚えさせるのだ。

　真澄は野球に熱をあげるようになって、勉強にはまったく興味を示さなくなった。その結果、授業にも出席しなくなった。

　親バカな泰次は、先生に『授業を受けんでもいい』というてやって下さい」と願い出ている。先生は「お父さんが、そこまで信念を持っているんやったら、授業を受けなくて結構です」という答えが返ってきた。そこで、泰次は、真澄が宿題をしても叱っている。

「宿題だって勉強やろ。勉強しないと約束したんだから、宿題もやっちゃあかん」

　他人から見れば、じつに不思議な光景だろう。漫画本を読んでいるところを見つかり、あわてて勉強しているふりをする子どもを怒る親はいても、その逆をやっている親は日本中探してもそうはいまい。でも、それがわが家のやり方だった。

　真澄には、いろいろなポジションをやらせている。とくに五年生までは、よくキャッチャーをやらせた。キャッチャーを経験すれば、打者の心理を読むようになるからだ。

　中学では、真澄はエースに昇格。ところが、勉強するようになった。それは、学校の成績が学年でビリから十番以内という悲惨なものだったからである。

高校は、PL学園に入学した。しかし、上級生による新入生つぶしでいじめられる。ある上級生は、真澄に夜中じゅうマッサージを「やめ」と言うまでさせていたという。またトイレの下駄で肩や足をバンバン叩かれたりもした。

だが、真澄は一年生でベンチ入りすることが出来、ピッチングで三年生たちを黙らせていた。そして、一九八三年八月、真澄は甲子園デビューを飾った。すると、桑田親子を取り巻く人たちの態度もガラッと変わった。それまで、〝野球バカ〟の親子と思われ、変人扱いされる存在だったのが、甲子園の優勝投手となったことで、周囲の見方は一変したのである。

その後、真澄がプロに入って、泰次は離婚した。しかし、地元で子どもたちを集めて野球を教えていたのは、昔と変わらない。だが、二〇一〇年、浜松市の店舗兼住宅が全焼した火災で泰次は死亡したのだ。

「バカは死んでもバカなのだ」（毎日新聞社）とは、赤塚不二夫のことである。本の帯に、〈不世出の天才にして、偉大なる希代の大バカ〉と、書かれている。

この本は、赤塚不二夫が酒風呂で溺れ死んだと想定し、弔問に来てくれた人たち、一人ひとりと語り合う対談集で、「サンデー毎日」に連載したものを、改稿したものである。対談相手は、野坂昭如をはじめ、嵐山光三郎、松尾貴史、篠原勝之、所ジョージ、ドリアン助川、吉村作治、唐十郎、黒柳徹子など、各界で活躍している二十名以上の方々が登場する。野坂昭如の対談では、赤塚は本土の空襲を体験していないので、沖縄の地上戦や原爆のこと、腹減ったこと、さらに代用食の話になる。そしてチンポコの話になって、チンポコが立つとか立たないとか、大きいとか小さいとか——。

嵐山光三郎との対談でも、嵐山が「赤塚さんは、太くて短いんだよね」と言えば、赤塚は「でかいよ、オレ」と言う。そして、キンタマはでかくないとダメだとか、女を口説く時って、チンポコがでかくないと、女は満足しないとかいう話になる。

篠原勝之との対談でもチンポコの話になるが、赤塚は眠いといって、殆ど篠原一人が編集者と喋っている。

篠原 その後、別の日にタモリが芸をやるじゃない。ウィ〜ン、ウィ〜ンとか、製材所の。けっこうみんなに受けたんだよ。そうすると面白くねえんだ。赤塚さんは、人が受けると、それでまたチンポ芸に入った。困った時のチンポ芸、この人は。おつまみにポッキーがあったんだよ。ポッキーにチョコレートがついている。「クマな、ポッキーをチンポに入れる」と言うんだよ。痛そうだよ。見るからに、やめなさいって言ったんだけど「ほらほら、入るだろう」と、ポッキーを真ん中へんまで入れてんの、この人。みんなも「やめろーっ」て言ってね。また、おっかに怒られて。「おやめなさ

い、そんなこと」って、出したらポッキーの先のチョコレートがねえんだ（笑）

この先、赤塚は雲隠れする。しかし、ただ隠れていたのではない。トイレでチンポの亀頭にバカボンの顔を書いていたのである。

赤塚は、チンポの先にラー油を塗ったこともある。トイレの手洗いで洗っても、油なので落ちない。痛い、痛い。ラー油を塗るのは止めた方がいいという。

チンポ出して、裸になって街を走ったこともある。赤塚は「ヤクザの人も、わけのわからないのがチンポ出して走っているから、道をよけるんだ」と言う。

黒柳徹子とは、チンポコの話は出来ないだろうと思いきや、さにあらず。しかし、さすがに控えめであった。そして、赤塚は「オレが言うと信頼されないかもしらんけども、飲む時も真面目に飲まないとダメなんだ。ふざける時も真面目にやらないといけない。何だってそうなんだ。いいかげんやったらダメ」と。

赤塚不二夫は、二〇〇八年八月二日、七二歳で他界した。彼ほど「バカ」になることに努力した者はいないだろう。その生涯を書いているのが、赤塚りえ子の「バカボンのパパよりバカなパパ」（徳間書店）である。本の帯には、〈天才の娘であることは、喜び？　苦痛？　笑ってしまう？　こんな他人が知りたいことに、みんな答えちゃってる。さすが天才の娘だ！〉

と、坂本龍一の推薦文がある。

著者は、「真面目にバカができる人はかっこいい。しかし、バカは一日にして成らず、毎日の心がけと絶え間ない努力が必要だ」という。

ドリアン助川は、〈みんな天才バカボンになるのだ〉と、「バカボンのパパと読む『老子』」(角川SSC新書)に書いている。さらに、「バカをつらぬくのだ！　バカボンのパパと読む老子・実践編」(角川SSC新書)には、〈老子のおじさんのつぶやきを知った以上、私たちは人からバカにされても、強く生きていける知恵を宿したのではないでしょうか〉と。悪口を言われようが、「バカ」と言われようがへっちゃらです、と書いている。

勢古浩爾は、「わたしが、こいつ『バカ』だと思った人間が『バカ』なのである」と「まれに見るバカ」(洋泉社)で個人名を挙げ、〈アンバランスなバカ……小室直樹〉や〈いい人なんだろうけどバカ……寺脇研〉、〈本質的なバカ……渡部昇一〉、〈板についたバカ……芹沢俊介〉、〈自己陶酔するバカ……田嶋陽子〉、〈自分を過信したバカ……田原総一朗〉、〈所謂バカ……田中康夫〉などを登場させている。

個人名を挙げるのは高橋春男も同じで、彼の著「このバカを見よ」(飛鳥新社)にも、バカ呼ばわりされる人たちが登場する。

著者は冒頭に、〈この書はバカが書いたバカの書である。すなはち我輩はバカである。物心ついた頃からバカと呼ばれ、現在も立派にバカと呼ばれている現役バリバリのバカである。ありがたいことである。名誉なことである〉と、さらに〈著者である私自身もバカであるにもかかわらず、ベスト100に入れなかったということからも、いかにベスト100が厳しい基準で選ばれたかわかっていただけると思う〉と書いている。

著者は、愚かとか無知とかいう意味でなく、「程度が甚だしい・度はずれて——」という意味のバカ百名を列挙している。

そのなかには、〈噂に先行されるバカ、小泉今日子〉、〈家族そろってのバカ、中村メイコ〉、〈バカにバカにされる、俵孝太郎〉、〈説教する猿人類バカ、武田鉄矢〉、〈バカ女房と別れたバカ、明石家さんま〉、〈ユネスコバカ、黒柳徹子〉など、タモリは、〈バカの脱け殻〉、所ジョージは、〈さんづけになっちゃったバカ〉で登場している。ビートたけしについては、〈たけしさんほど買い被られちゃった人は珍しい。バカ知識人、バカ文化人、バカテレビ局のバカプロデューサー、バカ出版社のバカ編集長、バカファンがこぞってたけしさんという人を——〉と、著者はバカさえつければいいと思っているようだ。しかし、日本国民みんながバカと思えば、めくじら立てるほどもないだろう。

この本が芸能人のバカを抽出しているとすれば、政治家のバカを列挙しているのが適菜収の「現代日本バカ図鑑」（文藝春秋）である。ここでは、〈菅直人より危険な総理〉安倍晋三をはじめ、〈帰ってきた売国奴〉小泉純一郎、〈歩く風評被害〉山本太郎、〈「改革バカ」の先駆け〉江田憲司、〈バカ市長にエールを送るバカ〉河村たかし、〈吉田調書でバレた嘘〉菅直人、〈飛んで火に入る夏の虫〉前原誠司、〈嘘ばかりの「都構想」〉橋下徹、〈日本を代表する無責任男〉石原慎太郎など、〈国を滅ぼすバカには、やはりバカと言うしかありません〉と、四十名近くの政治家が名を連ねている。

しかし、私は政治家をバカとは思わない。ペテン師である。安倍晋三をバカだなんて、バカに失礼だよ。とにかく、ムチ（無知）がムチ（鞭）による、ムチ（無恥）の政治を行っているのだからたまったもんじゃない。ここでいう鞭とは、国民を戦争に追いたてようとしていることである。

2　落語のなかの「バカ」

「えー、毎度バカバカしいお噺を――」が枕言葉になっている落語には、「ばかなことをいいなさんな」とか「ばかだね」、「馬鹿野郎」、「なにいってやんでえ。ばかにしやがって……」などの言葉が乱れ飛ぶ。

〈近日むすこ〉では、ノッケから――

ばかにもいろいろございまして、四十八ばか、百ばかなんてえことを申しますが、これで、ばかは、落語のほうでは、なかなかの大立物でございます。

「おとっつあん、いってきたよ」

「どうだった？　芝居はいつ初日だと書いてあった？　おとっつあんは、なによりもたのしみなのは芝居なんだからなあ。いつ初日だ？」

「芝居は、あした開くぜ」

「うそつけ。きのう千秋楽になったばかりじゃねえか。きょう一日置いただけで、あした初日のはずがねえ」

「それでも、看板に近日開演と書いてあったぜ」

「ばかっ、近日開演というのは、あした開くことじゃねえや」

話は、「なんでもさきへさきへと気をはたらかせりゃいいんだろ？」ということになり、顔も「今夜寝る前に洗って寝りゃいいんだな」と言う。

「どうして？」

「あしたの朝起きて顔を洗う世話がねえや」

「ばかをいうな。前の晩に顔を洗ってなんになるんだ！」

「さきにさきに気をはたらかせるには、そのくらいにしなくちゃあしょうがねえや
……そうだ。これからは、便所にいく前に尻をふこう」

「ばかっ、くだらねえことばかりいいやがって……いいかげんにしろ。このところ陽気のかわり目で、おとっつあんはからだのぐあいがおかしいんだ」

と、ながなが文句をいうと、息子はふくれっつらして表にとびだす。

すると医者がきて、息子さんが「すぐにきてくれといわれたので……」という。つづいて、「むすこさんがいらして、お宅さまでご不幸ができたとおっしゃって……」と、葬儀社がくる。そして、帰ってきた息子が、「葬儀社の人がきてくれたんなら、あとの手配もついてるな」という。「なんだ？　そのあとの手配ってえのは？」「葬儀社から人をたのんで寺のほうへいってもらってあるからねえ、いつ死んでもいいようになってるよ」「ばかっ、いいかげんにしろ！　まあどうもあきれけえったやつだ」と。ところが、大家が死んだと聞いて――。

「おいおい、お待ち、お待ち……いいかげんにしておくれ。おまえさんたちはなにか

い、あたしのくやみでもいいにきたのかい？　うちのせがれのことをばかだ、ばかだとおもってたら、長屋の連中までばかが伝染しちまったのかい？　どうしてくやみなんかいいにくるんだい？」

「どうも申し訳ありません。いえ、ご立腹ならば、くやみにきたわけを説明します。大家さん、あなた、そこへ坐ってるからご存知ないでしょうが、まあ、ちょいとおもてへでてきてごらんください。どうしたってくやみをいいにきたくなりますから……白と黒の花輪がかざってあって、すだれが裏がえしにかかって、忌中という札まででてるんですから、あたしたちとしても、こりゃくやみにこないわけにはいかないじゃありませんか」

「えっ、そこまで手がまわったのかい？　いや、それじゃあ、くやみにきたのももっともだ。まあ、いそがしいところをどうもすまなかった。どうかひきとっておくれ……こらっ、ばか野郎、ここへこい！　おまえってやつはなんてえやつだ！　長屋の連中がくやみにくるのはあたりまえだ。おもてに忌中って札まででてるってえじゃあねえか」

「そりゃでてることはでてるけど、長屋の連中もばかだな」

「なにがばかだ？」

「よーくみりゃいいんだ。忌中のそばに近日と書いてあらあ」

（興津要編『古典落語　下』講談社文庫）

泥棒噺の代表作は、〈出来心〉である。

仲間うちで評判のよくない子分に、親分が「おめえだって、仲間にほめられるような仕事をしてみろい」と言われ、「このあいだ土蔵破りをやりましたが、実は土蔵じゃなくて、お寺の錬塀を切り破って、墓場へ忍びこんでた……」と言う。

「ばかだな……土蔵だか、錬塀だかわかりそうなもんじゃねぇか」

「それが、どうも、あいにくくらくってわからなかったんで……」

「まぬけな野郎だな……だから、身分不相応な土蔵破りなんて大きな仕事でなくてもいいから、ちょいと庭でもあるような小ぎれいな家へはいってみろ」

「ええ、ですから、このあいだは、庭のあるところへはいりました」

「そうか、そりゃよかった」

その庭というのは、芝生があったり、花壇があったり、しかも噴水がでていて、ベンチが置いてあったという。

「そいつはりっぱな庭じゃねえか。いったいどこのお屋敷なんだ?」

「それが親分の前ですが、大笑い……」

「なんだ。また大笑いか……どうした?」

「日比谷公園にはいっちまったんで……」

「ばかだなどうも……公園ならば花壇があって、噴水があるのも当然じゃねえか」

親分は、そんな大きなところを狙わず、電話を一本もひいてるような家を狙えという。

すると子分も手頃な家があったのでと応える。

「ほう、そんな手ごろな家が近くによくあったな……いったい何商売の家だ?」

「それが交番なんで……」

「ばか! 交番へしのびこんでどうするんだ?」

「だって、きちんとかたづいていて、電話がひいてあるんで……」

「ばか! あの電話は警察へかけるんじゃねえか……あきれたなどうも……おめえはとてもまともな盗みはできねえから、空巣でもやってみろ」

親分に言われるが、子分は「空き巣って何です」と聞き返す。親分は、誰もいない留守にしている家に入ることだと説明する。


「そいつはたちがよくねえ」

「ばか……たちのいい泥棒がいるもんか……いいか、おれがやりかたを教えてやるから、よく聞いていろ……この家は留守らしいなとおもったら、まず、ことばをかけてみるんだ」

「おたくは留守ですかって？」

「ばか、そんなこと聞くやつがあるか……」


親分から「ばか、ばか」と言われた子分は、それから空き巣に出かけ、ここでもヘマばかりする。オチは「へえ、大家さん、これもほんの出来心でございます」。

（興津要編「古典落語　上」講談社文庫）


無学者の半可通ぶりをえがく〈千早振る〉では、冒頭――

無学者は論に負けずなんてことを申します。ろくに知りもしないことを知ったかぶりする人がよくございますな。

「ねえ先生、よく晦日なんてことをいいますが、ありゃなんのことです？」

「ばかだなあおまえは……つごもりぐらい知らないと、人に笑われるぞ」

「そうですか、笑われますか。じゃ、どんなわけなんです？」

「つまりだな……つごもりというのは……その……つごがもるからつごもりじゃないか」

「へー、つごなんてものはもるもんですかねえ」

「あー、もるとも……」

さっぱりわけがわかりません。こういう人があつまるとお笑いも多いようで——

に始まり——「どういうわけといって、ばかだな、おまえは……千早振る神代もきかず竜田川……じゃないか……」、そして——

「——そのふるえが三日三晩とまらなかった」

「地震ですか？」

「だから、おまえは愚者だというんだ」

「なんです？　そのぐしゃという、なにかふみつぶしたようなのは？」

「おろかものだというのだ……まあ、そんなことはいい……」

オチは、〈水くぐるとは〉の意味になり、「そのとはっていうのはな……あとでよくしらべてみたら、千早の本名だった」と。

与太郎噺の代表作といえば、〈道具屋〉である。

「お雛さまの棺桶というのを売ってみたが、買い手がまるっきりいなかった」

「ばか！　あきれたやつだ。そんなものを買うやつがあるもんか……もうおめえはなにをやってもうまくいかねえんだから、どうだ。ひとつ伯父さんの商売をやってみねえか」

×　　×　　×

「上にどの字がつく商売だ」

「うん、そういえば、上にどの字がつくな」

「やっぱりあたった。どうも目つきがよくねえとおもった……泥棒だな……泥棒!」

「ばか! あきれたやつだ。伯父さんは泥棒なんかじゃねえ……どの字はつくけれど道具やだ」

× × ×

「まじないじゃあねえのさ、夜なかにねずみがでてきて、なにか食うものがないかとさがそうとすると、目の前にめしつぶがならんでるんで、こいつはありがてえと、わさびおろしにくっついてるめしつぶをねずみがかじってるうちに、ねずみがだんだんおろされちまって、気がつくと、しっぽしかのこっていねえっていうことにならあ、これすなわち猫いらず」

「いいかげんにしろ、バカ!」

× × ×

「焼きがなま? ……そんなことはありませんよ。なにしろ伯父さんが火葬場でひろってきたんだから、こんがり焼けてることはうけあいで……」

「ばか! ひでえものを売るねえ!」

「あっはっは、あの客怒っていっちまった」(興津要編「古典落語 上」講談社文庫)

3　小説のなかの「バカ」

小説にも「馬鹿」は度々登場し、「バカ」と呼んだり、呼ばれたり、様々な形で書かれている。

柚月裕子著の推理小説、「最後の証人」（宝島社）のプロローグ――


ナイフは、男のわき腹をかすめて空を切った。

女は体勢を崩し、前につんのめった。

「馬鹿な真似はやめろ」

男が叫ぶ。

壁に向かってうなだれている女は、ゆらりと身を起こすと男が振り返った。

×　×　×

辞めると言う佐方を、男は引き止めなかった。辞表を差し出す佐方にひと言、馬鹿野郎、とだけ呟いた。

×　×　×

「そうだ。こんな馬鹿な話はない。あっちゃいけないんだ。明日にでも、俺が地検に行ってくる。行って、なぜ相手が不起訴になったのかはっきりさせてくる。場合によっては出るところに出る。卓を死に損なんかさせない。このままにしてたまるか。きっちり、罪を償わせてやる。だから暴れるのはやめろ――」

卓は交通事故で死亡する。父親の光治は、相手の過失だと思っているが、〈おたくの息子さんの過失だ〉と言われ、〈馬鹿馬鹿しすぎる答えに、失笑が漏れる〉。母親の美津子は復讐を計画する。光治は、〈「馬鹿なことを」美津子の話を笑い飛ばそうとした〉。だが、美津子は、このままでは死にきれない。「私の思い通りにさせて」と光治にいう。〈光治は美津子の手を、強く振り払った。「馬鹿なことを言うな」〉と。

「私と一緒になったこと、後悔してない?」
美津子は光治の目から視線を逸らせた。
「馬鹿な」
光治は身を乗り出した。美津子の目を追う。

× × ×

自分と一緒になって後悔していないかと美津子に問われ、馬鹿な、と答えた気持ちに嘘はない。

と。ここでは、そんなことは、あり得ないことを「馬鹿な」と言っている。

半村良著「雨やどり」（集英社文庫）で、目次のなかの「愚者の街」では、「利口だから馬鹿なんだよ」の言葉にたいして、「どういうことだい、それは」と問われている。

「利口だから、なんでも利口にまとめちまう。でもよ、みんな馬鹿なんだぜ。馬鹿ばっかりなんだ。世の中は馬鹿ばっかりだということをよく知らないから、利口に眺めちまうんだ。よく見ろよ。あのバーテンも女たちもみんな馬鹿だ。馬鹿はいいぜ。そりゃ、あの時ああすればよかったとか、この時こうすればよかったとか、口に出して一応そう言ったりするが、本気で後悔なんぞしてやしねえ」

「そうかね」

「そうさ。ああすりゃよかった、こうすりゃよかったと、あとになれば思うんだが、本当のところは、自分の馬鹿がよく判ってる、馬鹿なことをしちまっても、馬鹿なことしかできなかったんだってことが判っている。だから本気で後悔なんぞしやしねえのさ」

そして、「利口な奴のたまのしくじりは後悔の種だろうが、俺みたいになると、後悔しなくなっちゃう。馬鹿だから何かやっちまうのが当たり前なのさ」と、さらに小説を書いている男を応援して、「馬鹿ばっかりの中で、一人ぐらい出世するのを見たかった」と言う。さらに、「俺は馬鹿で、仲間も馬鹿で、そういう奴が集まって馬鹿の町をこさえてた。でも、本当にたのしんでたのは、やっぱり利口な奴らだった。気まぐれに馬鹿ばかりのとこへ来て、悪気もなくひょいとつまんで帰っちゃう。馬鹿の味もいいもんだと、家へ帰って仲間と笑い合ってる。それが判るときが、馬鹿の一番つれえときさ、俺は空気が抜けてしぼんじゃった。目方もなくなっちゃった。しばらくしぼんだままぐったりしてたけど、馬鹿のいいところはそこさ。どんなところにも長くはいられない。ぐったりしてるときにあきちまう。そういうときに限って、ドはずれた馬鹿をやらかしてみたくなるんだ」つまり、小説を書いたという。

「雨やどり」の解説を清水義範は、川口松太郎の作品に「人情馬鹿物語」があるが――〈その川口氏の「人情馬鹿物語」から派生して、この「新宿馬鹿物語」は生まれたようだ。だから、この作品たちは〝人情物〟なのである。半村先生はどうも、馬鹿という言葉が好きなようである。そしてその言葉を、他人をさげすんで言う意味には用いず、愛情のこもった優しい意味に使っている。欲にかられたり、名誉を守ったり、メンツにこだわったりする利巧から見れば、庶民は馬鹿に見えるかもしれないけど、そういう馬鹿たちこそ、一番気持ちのいい、人間としてまともな連中なんだよね、という思いのこもった〝馬鹿〟である。馬鹿物語が人情物語である所以である〉と、書いている。

高田保著の「人情馬鹿」（創元社）には、〈それにしても「馬鹿」とは何事か。阿呆ではそうはつけない。馬鹿正直という言葉がある、正直者が馬鹿をみるという現代の解釈らしいが、実は馬鹿でなければ正直の徳は得てないことを現したものだろう。馬鹿を馬鹿にしちまうな。私など十分な馬鹿だから、おもったままを軽率に前後の思慮もなく述べ立ててしまう。それだけに出鱈目はあっても、うそのありようはずはない。うそはいつも企画されたものだ。世の利口者といわれる連中をみると、十分に計算されたり吟味したり、油断なく考慮を重ねた上で発言する。従って、信頼もされ尊敬も博するのだから、それだけに実に精密なうそが構成されている。うそ八百という数字は多分その精密度を現したものだろう〉と、書いている。

バカが主人公となって登場するのは、遠藤周作の「おバカさん」（小学館）である。

その夜――ガストンが部屋に戻ったあと、巴絵は思わずふかいため息をついた。心も体も疲れはてた感じである。

「よくもよくもあんなバカを呼んで下さったわね、お兄さま」

心の底から恨みをこめて隆盛に言うと、

「いや、大石内蔵助のこともあるから、バカかどうかまだわからんぞ」

隆盛は首を振った。

そして、「それ見ろ。一人で東京をああして歩けるんだ。バカじゃないじゃないか」とか、
「なに馬鹿いってるのよ」、「バカやろう、なんのために……日本に来たと聞いているんだ」、
そして「バカじゃないの……」

バカ——

忘れもしない……あのベトナム号の臭気のこもった四等船室で彼を見つけた時から、
巴絵はガストンをバカではないかと思うことが多かった。

容貌といい、不器用な動作といい、チンチクリンな服装といい、それらはこれことごとく、巴絵の苦笑と憐憫《れんびん》とを誘うものばかりだった。

もちろん彼が、兄の隆盛の言うように、まれに見る善人であることはわかってきた。

善人という言葉が大げさならば無類のお人好しでもいい。

だが善人とかお人好しとかはこの生き馬の目をぬく今の社会ではバカに通じるもので

はないか。少なくとも巴絵のような若い女性には非情な、たくましい、近代的魅力に全く欠けたウドの大木にしか、うつらないのである。

しかし、巴絵は次第にガストンを、

（バカじゃない……バカじゃない。あの人はおバカさんなのだわ）

はじめて巴絵はこの人生の中でバカとおバカさんという二つの言葉がどういうふうに違うのかわかったような気がした。素直に人を愛し、素直にどんな人をも信じ、だまされても、裏切られてもその信頼で愛情の灯をまもり続けて行く人間は、今の世の中ではバカにみえるかも知れぬ。

だが彼はバカではない……おバカさんなのだ。人生に自分のともした小さな光を、いつまでもたやすまいとするおバカさんなのだ。巴絵ははじめてそう考えたのである。

江藤淳は、〈「おバカさん」は、日本人であり同時にカトリックの信者でもある遠藤さんという人の、神を求める素直な心がそのままに生きている小説である。一方で頭で書かれているが、もう一方は心で書かれている。私は、心で書かれた小説が好きである〉と、解説している。

遠藤周作の「古今百馬鹿」（角川文庫）にも――

「おじさん、これあ雑種だろ。へ、へ」

「馬鹿いいなさい。これはペルシャ犬だ。君はペルシャ犬も知らんのか」

とか、〈私はあまりのことに仰天し、馬鹿馬鹿しくなった〉、〈「バカ」あれはサックだ〉、〈私たち子供はこの叔父を馬鹿にしていた。子供心にも叔父が食客であり、怠け者であることを察知したから、軽薄にも馬鹿にしたのである〉、〈第二に居候はいつも心ない連中に馬鹿にされるか、軽蔑されている〉などなど――。

会話のなかで、お互い気軽に「バカ」と言い合っている小説は多い。

江戸川乱歩賞を受賞した、玖村まゆみ著「完盗オンサイト」（講談社）には――

「とにかく、バカなまねはよせ」

すると、瀬尾の顔がすっと青ざめた。

「バカなまね？　バカっていうのは、僕のような人間に使う言葉じゃない」

激しい憎悪がその目に見て取れた。だが、それも一瞬のことだった。

清水義範著「昭和御前試合」（CBSソニー出版）の〝逆らうな〟には――

「そうは言っていてもお前はバカだ。そうだろ。お前はバカだな」

どう答えていいのか一瞬考えてから、男は返事した。とにかく逆らってはいけないということを思い出したらしい。

「はい。私はバカです」

「バカはものごとをすぐ忘れる。だから体に教えこんでおかなければならん」

桐野夏生著「夜また夜の深い夜」（幻冬舎）には、〈あたしって本当に何も知らない、おバカさんでした〉という舞子。さらに、〈その時、自分たちの読み古した日本の雑誌などを置いて行きました。それを有り難がって読んでいたのですから、バカな自分が哀れになります〉と。舞子と友人になったエリスとアナを通して、他者に分かって貰えない絶望、誰にも分かりえない世界を、描いている。

すると、アナに「ダメ」と、手の甲をぴしゃりと叩かれました。エリスが厳しい顔で箱の中を覗いて言いました。

「引っかき回したら、すぐばれるから気を付けて、こっそり一枚ずつ抜いて、後は綺麗に直しておくんだ。そしたら、数が合わなくても、自分たちが数え間違えたんじゃないかと思うだろう。そんなバカばっかだからさ、気が付かないんだよ。いい？ 同じ服が入った段ボールが複数ある時は、一個丸々取ってもいいけどね。でも、そういうのは売り捌きにくいよ」

× × ×

「エリスは欲求不満なんだ」

「そこまで言うなら、カマールひと晩貸しな」

「やだよ、バカ」と、アナはやっと笑った。

× × ×

「ヤマザキは何て言ったの」と、アナ。

「あたしが犯罪者の娘だからって、バカにしてた。あたしらみたいな女ギャングは、早くカモッラにレイプされて殺されろだって」

「放っとけ、そんなヤツ」

眉間に縦皺を刻んだエリスが怒鳴る、さすがに不愉快そうだ。

「馬鹿」と言われて、なるほどと納得するのが、向田邦子の随筆集「父の詫び状」（文春文庫）である。

「お父さん、お客さまは何人ですか」

いきなり「馬鹿」とどなられた。

「お前は何のために靴を揃えているんだ。片足のお客さまがいると思っているのか」

靴を数えれば客の人数は判るではないか。当り前のことを聞くなというのである。あ、なるほどと思った。

また、「細長い海」では、海水浴場の脱衣場で邦子の下着が盗られた。祖母は弟に「お姉ちゃんに貸しておやり、お前はじかにズボンをはけばいいじゃないか」というが弟は拒む。家に帰って母が父に、この一件を報告した。

父は晩酌のビールを飲みながら聞いていたが、いきなり、

「馬鹿!」

とどなった。

「二人とも馬鹿だぞ。保雄は男じゃないか。どうしてお姉ちゃんに貸してやらない。お前は男のクズだ」

弟は口惜し涙のたまった目で、私をにらんだ。

「邦子も馬鹿だ。そんなに大事なものならこんどからはいて泳げ!」


自分のことを「ああ、バカバカ!」と罵っているのは、中村うさぎである。「消費バカ一代」(文藝春秋)は「週刊文春」に連載していた中村うさぎのエッセイで、題名にバカがつくのは「ファックスよりバカな女」一篇である。

友人からファックスを送ろうとしたがつながらない、故障ではないかと電話が入る。中村うさぎは、すぐメーカーに電話する。ところが、ファックス回線が電気料金滞納で止められていたのである。〈機械が賢くなっても、使う人間がバカじゃ意味ねぇってことか。ああ……誰か私を改造して!〉と、そして〈美香の怨念、再び燃える!〉では、〈やり場のない怒りと自己嫌悪にただただ唸るしかない女王様であった。バカは死ななきゃ直らない……それは、私のためにある言葉かも知れないのぉ……〉と。

田口ランディ著「馬鹿な男ほど愛おしい」（晶文社）では、女が男に自分がどうしていいか分からないから「あんたは馬鹿だ」という。男は「誰もどうしてくれなんて、いってねえだろうバーカ」といって電話を切る。ある男と女の奇妙な仲、「女は馬鹿な男ほど忘れがたい」と、バカが浮き彫りになっている。

4 映画のなかの「バカ」

戦後、一九四七年に東宝が製作したのが、『新馬鹿時代』（脚本・小国英雄、監督・山本嘉次郎）である。その背景には、戦後の食糧事情悪化がある。皇居前で大規模デモがあり、「米よこせ」の食糧メーデーには25万人が集結した。この映画が封切られた十月、闇米を拒んだ東京地裁判事が栄養失調で死亡した事件が起こっている。

映画のストーリーは、〈敗戦と共に現れたヤミ市。警察ではヤミ防止の宣伝に懸命になっているが、ヤミ商人たちは少しも動じない。それもそのはず、ヤミ商人たちがお巡りに賄賂をつかっているからだ。しかし、例外の巡査が一人いた。それは、小原巡査（古川緑波）でヤミ米は買わず、配給以外の物は食べないという堅物である。ヤミ屋の金次郎（榎本健一）は、いつも彼に追いかけられている。しかし、小原は26貫のデブ男だから、足が遅いので金次郎は捕まったことがない。

ある日、金次郎は復員以来訪ねあぐねていた姉に会いにいく。そこで知ったことは、姉は小原巡査の妻だったのである。金次郎は、姉の生活の苦しさに同情して内緒で米を融通することを約束する。そんなことを知らない小原は、相変わらず金次郎を追いかけている。ところが、その頃、小原が持っていた荒廃した山から石炭が出たというので買い手がつき、壱千万円という大金が転げ込んできた。そんなとき、妻から金次郎の話を聞いた小原は感激し、その半分を彼に分けてやった。

金は麻薬のように、二人の性格を変えてしまう。小原は豪邸を買い、芸者だ、ダンスだと洒落こんだ。金次郎は、商事会社を設立したが、一時の夢。小原の豪邸は焼け、金次郎の会社は同業者の大野(三船敏郎)にうまくやられ、結局、小原は元の仕事に戻り、金次郎は電車の運転手になって二人は吐息をつく――〉。この吐息こそ、「ヤレヤレ、これまでバカなことをしてきたものだ」というものだろう。

この映画を旗一兵は、〈ロッパとエノケンは珍しく生地そのままの役柄で、素直にパーソナリティを生かしている点で戦後随一の好感を覚える。花井蘭子がエノケンの女房で存外生彩を放ち、ヤミの親分になる三船敏郎が新人として注目される。後半の誤算とくずれがなければ相当高く買いたい映画だ。脚本の腰くだけと主題とそのスケールの設定の動揺が敗因〉

と、キネマ旬報の紙上で評している。

一九五五年に制作された『新馬鹿子守唄』（脚本・中田龍雄、監督・斉藤寅次郎）も榎本健一を主役にした映画である。

一九六四年、『おかあさんのばか』（脚本・水川淳三、南豊太郎、監督・水川淳三）が封切られた。おかあさんを演じるのは、乙羽信子である。

この映画は十一歳の少女、古田幸が〝おかあさん、のう出血で死んじゃってばか〟と書いた詩の一篇が主軸になっている。

〈子供はよく母親に甘ったれるときも、〝おかあさんのばか〟を連発する。それがみゆきちゃんの詩で、急死したおかあさんに投げつけられていて、彼女の悲しみをひどく鮮烈に表明していてなかせる〉と、山本恭子は評した。

『馬鹿まるだし』（原作・藤原審爾、脚本・加藤泰、山田洋次、監督・山田洋次）が封切られたのも、同じ年である。

映画のストーリーは、〈瀬戸内海に浮かぶ小さな町、シベリア帰りの安五郎（ハナ肇）は浄念寺に仮泊するが、その住職の長男はシベリアに抑留されたまま、残されている夏子（桑野みゆき）に一目惚れ。腕っぷしの強い安五郎は、やがて町のボスになっていく。そして、労働争議を解決するも町の勢力を反対派ににぎられ、人々の目は安五郎に冷たくなっていく。

しかも、夏子との間が噂となって寺にも出入り禁止となる。そんな折り、誘拐事件が起きる。安五郎は名誉挽回とばかり、夏子を救うのだがダイナマイトが爆発、両眼を失う。それから二年後、ただ一筋に愛した夏子の再婚の花嫁姿を見る杖にすがった盲目の老人。安五郎の変わり果てた姿を白木蓮の匂う浄念寺に見る〉。

安五郎の「馬鹿」さとは、馬鹿正直でおだてに乗りやすく、損得勘定ができないことだ。何度バカを見ても懲りない安五郎を、御新造さんは「いまの日本じゃ、あんな人物いないよ」という。この映画には、役者バカと言われた藤山寛美が特別出演している。

馬鹿シリーズの第二弾として封切られたのが『いいかげん馬鹿』（脚本・山田洋次、熊谷勲、大嶺俊順、監督・山田洋次）で、舞台は瀬戸内海の小さな島の漁村である。

〈捨て子として漁師の源太（花沢徳衛）に育てられた安吉（ハナ肇）は、暴れ者。しかし、都会から疎開してきた弓子には親切だった。ある時、弓子を小舟に乗せて沖にでるが小舟が流され、危ない目に合わせたため安吉は、源太からこっぴどく怒られ島を出る。十年振りに帰ってくると弓子（岩下志麻）は美しい娘に成長している。安吉は島の文化に貢献するという触れ込みで三流楽団をつれて帰ってくる。しかし、いかがわしいショーですっかり信用を落とす。源太の弟がブラジルから帰ってくる。安吉はそれに便乗してブラジルに行くと宣伝したが、捨て子の彼に戸籍はなく、渡航はできない。そこで密航を企てるが失敗する。町は安吉の馬鹿さかげんを笑うことで話題になった。それから安吉は、ニセ小説家を連れて来たり、観光船をつくったりしたが失敗して、またも島を逃げだす。一方、小学校の先生になった弓子は修学旅行で大阪にいく。そこで水中眼鏡を売る安吉の姿を見つけたのである〉。ポスターには、〈追われても、笑われても、又故郷に舞い戻る。この迷惑さ、純情さ〉と、書かれている。

この映画の主人公は、前作同様に賢くこずるい人間たちにおだてられ、利用されて忘れられていく。しかし、第三作目の『馬鹿が戦車《タンク》でやって来る』（原案・団伊玖磨、脚本・監督・山田洋次）の主人公は、はじめから村の連中と対立し戦っていくのだ。

舞台は或る村はずれ、〈少年戦車兵上がりの男、サブ（ハナ肇）は耳の遠い母親のとみ（飯田蝶子）と頭の弱い弟の兵六（犬塚弘）と一緒に暮らしていた。一家は村中から嫌われているが、仁右衛門（花沢徳衛）の娘である紀子（岩下志麻）だけが、サブの味方だった。紀子の全快祝いの日、サブは仁右衛門から追い出され、暴れ回って警察に送られる。サブがいない間に、村会議員の市之進（菅井一郎）は、とみを騙してサブの土地を巻き上げる。帰ってきたサブは怒り、隠していた戦車を運転し、村中を暴走させて村人を恐怖に巻き込む。そんななか兵六が火の見櫓から落ちて死亡する。それを知ったサブは、兵六の遺体を戦車に乗せて、そのまま姿を消す。後を追ってきた村人が見たものは、海の中へと消えていった戦車の轍《わだち》だけだった〉。

　林玉樹はキネマ旬報の紙上で、〈素朴な男が理由なく持ち上げられ、理由なくおとしめられるいたましさとは異なって、疎外された異分子にもカタルシスの用意されたことが、前作との相違でしょう。どうして持ち込んだのか、とにかく戦車を納屋に戦後ずっと隠しておけたことの不思議さはべつにしても、戦車というアイディアはおもしろい〉と、そして〈馬鹿がほんとにおもしろくなるためには、それと対比される〝ふつう〟の人間たちがガッチリしていないといけないのですが、今回の村人たちは、オーバーな喜劇的動きが案外型にはまってその点物足りないところがあります〉と、述べている。

　一九六五年、『馬鹿っちょ出船』（脚本・山根優一郎、桜井秀雄、監督・桜井秀雄）は、都はるみの歌った「馬鹿っちょ出船」がそのまま題名として映画化された。

「馬鹿っちょ出船」（作詩・石本美由起、作曲・市川昭介）の一番の歌詞は、〈赤いランプをともした船が／汽笛泣かせてさよなら告げる／二度と惚れまいマドロスさんに／未練ばかりを未練ばかりを／心に残す馬鹿っちょ出船〉である。脚本家は、この歌詞に合った話をつくるのに苦労したという。

　都はるみが歌った「馬鹿」のつく歌には、他に「愛しちゃって馬鹿みたい」（作詩・吉田旺、作曲・市川昭介）がある。

一九七七年には、『新宿馬鹿物語』（原作・半村良、脚本・神代辰巳、監督・渡辺祐介）を松竹が製作。

新宿のバーのマスター仙田に愛川欽也。不思議な影のある女、邦子が太地喜和子。〈激しく雨の降る朝、邦子が部屋に飛び込んでくる。二人はコーヒーを一緒に飲み、とりとめのない世間話をした。そして、二人は、急速に近づく。邦子が仙田のマンションに泊りに来るのに、それほど時間はかからなかった。仙田の店のホステスにバレリーナ志望の梢（松本ちえこ）という若い娘がいた。その梢が仙田の店のエレクトーン弾きと一緒に仙田の前に現れ、店をやめて二人でエレクトーンと近代バレエをミックスした新型の夫婦漫才をやるという。邦子との甘美な生活は続いていた。しかも、仙田は彼女との結婚を仲間に公言し始めていた。そんなある夜、仙田の店に内ゲバで反対派につけ狙われている過激派の美しい女闘士が飛び込んできた。事情を聴くと仙田が若い頃、新宿で世話になった或るクラブのママのひとり娘だという。仙田は彼女をホステスとして匿《かくま》うことにする。ところが、彼女が潜伏していることを反対派に知られ、二人は鉄パイプの一団に襲われ大怪我をする。そして、邦子の亭主と称する男が現れ、彼女は仙田の前から去っていく〉。このバカさ加減は、本人でなければ分からない。仙田はいい夢を見せてくれたのだと自分に言い聞かせるしかないのだ。

『釣りバカ日誌』（原作・やまさき十三、北見けんいち、脚本・山田洋次、桃井章、監督・栗山富夫）は〈釣りをこの上なく愛する浜崎伝助（西田敏行）は、鈴木建設四国支社の営業課に勤めているが、釣り三昧の日々を過ごしている。ところが、東京本社の営業部に配属されてしまう。しかし、鈴木建設創業者の社長である鈴木一之助（三国連太郎）とヒョンなことから知り合いになり、釣りを通じて秘密の関係がはじまるのである〉。

この映画は、一九八八年十二月から、年一本の新作が公開されて現在まで二〇本近くあるが、主人公は専門馬鹿の類に属するだろう。

「運は『バカ』にこそ味方する」（ソフトバンク文庫）の著者、桜井章一は「『釣りバカ日誌』では、社長のスーさんはハマちゃんという存在に救われている。対して、しかめっ面の重役連中は利口な人たちなのだろうが、彼らから人間味を感じることはない。逆に彼らが大バカ者だと思っているハマちゃんは、人間らしい温かさにあふれている。おそらくスーさんは、ハマちゃんのそんな人としての温かさ、情のようなものに救われているのだろう」と。

その他、『大馬鹿時代』（脚本・新井一、吉松安五郎、椿澄夫、監督・杉江敏男）や『空手バカ一代』（原作・梶原一騎、影丸譲也、脚本・掛札昌裕、監督・山口和彦）、『バカバカンス』（脚本・監督・宮田宗吉）、『テレビばかり見てると馬鹿になる』（原作・山本直樹、脚本・監督・亀井亨）などがある。

また、歌詞にもバカは登場する。岩沢厚治の作詩・作曲の「大バカ者」は、〈六月に入る梅雨の季節がやってくる／今夜半にも嵐が来るという／おとなしく今日のところは眠っとこうか？／午前三時じゃ寝るにはまだ早すぎるのかい？／やがて聞こえる雨の音　激しく耳元をつんざく様に／「大バカ者」とののしられて／それでも「人」として生きてきたけれど／やっぱり今日のところは眠っとこう／はみだした方がやっぱりかっこいいと考える僕は／どっから見ても大バカ者だった（後略）〉と。「てっぺん」では、〈――進む道はただひとつ〝最強のバカ〟になってやる〉と、歌っている。

「愚図で馬鹿でお人好し」（作詩・荒木とよひさ、作曲・堀内孝雄）には、〈あぁ想い出つづれば小説ぐらいは／涙のインクで書けるけど／愚図で馬鹿でお人好し／愚図で馬鹿でお人好し／そうね　わたしは大根役者〉と。

吉田拓郎作詩・作曲の「俺が愛した馬鹿」では、〈――そうだな　そうだな　馬鹿なお前の言う通り　愛した　愛した　馬鹿なあいつを愛してた〉と。さらに、麻生ひろし作詩、中村八大作曲の「馬鹿ぶし」、星野源作詩・作曲の「ばかのうた」もある。

松山千春作詩・作曲の「ひとりじめ」では、歌詞のなかで〈――降りしきる　雨／バカを承知で　ついて行くわと〉、歌っている。

このように、「バカ」は落語や小説、エッセイ、映画、歌謡など様々な分野に登場して私たちを楽しませてくれている。

第三章　世界の国の「バカ」

1　アメリカの「バカ」

アメリカには日本では考えられない「バカ」がいるというのが、町山智浩著の「マリファナも銃もバカもＯＫの国」（文藝春秋）である。この本は、著者がアメリカに住んでいて見たものを、週刊文春に書いたコラム「言霊ＵＳＡ（２０１４年３月13日号〜２０１５年３月12日号）」を纏めたものである。とにかく、アメリカはバカげたことが起きるから面白い国だという。

そのバカげたことの一つ、コロラド州では、マリファナを完全に合法化する法案が実施され、21歳以上であることを証明できれば、他州の免許証でも外国のパスポートでも店で購入できるという。しかし――

まず、路上や公園、レストランなど、公共の場所での使用は禁止。自動車の中も駄目。観光客はホテルの部屋で吸うしかないが、アメリカのホテルは基本的に室内での喫煙は罰金だから、それも難しい。でも、煙の出ない商品も多いし、いくつものホテルでは彼ら向けの、マリファナ喫煙場所を設け始めている。

コロラド州ではマリファナＯＫでも、他の州に持ち込めば、その州の法律で裁かれる。

そして最後に、日本ではマリファナは、「人として許されない」と言った人もいたが、〈コロラドやカナダの人々は人として許さないのか？〉と。

また、「ニグロどもについて知ってる話をしよう」とか「黒人と一緒に、わしのチームの試合を観に来るな」など、人種差別や人種軽視語も飛び交う。

〈アメリカの白人たちは２００年に亘って黒人奴隷を服従させるため鞭打ち続けた。その傷は奴隷制度廃止後１５０年経っても継承されつづけている〉と。勿論、女性蔑視《べっし》もあり、ＤＶもある。

黒人少年たちはバイクの暴走に通行人を巻き込み、仲間が死んでも、「この町じゃ、どうせ長生きできないよ」と意に介さないという。

政府機関を１００人で銃で脅かしても何の罪にも問われないアメリカ。

「ニグロどもは奴隷のままのほうがよかった」と公然とうそぶくオーナー。

「女はみんな強制収容所に入れて、必要な数以外は殺せ。これが僕の女に対する戦争だ」

「自分を拒絶した女どもを制裁する」と銃を乱射して六人を殺し、13人を負傷させた男。

18歳の黒人少年が路上で白人警官に6発も撃たれて死亡した。その5年前には、〈52歳の黒人男性を別人と間違えて四人で取り囲み、殴る蹴るの暴行を加えたうえ、彼の血で制服を汚されたとして器物破損で逮捕するというムチャクチャ事件があった〉という。

〈年間に警官に殺される人の数は約400人と言われるが、そのうち多くが黒人やヒスパニックだ〉と書かれている。さらに——

——カリフォルニア州オークランドでは、2009年、地下鉄の駅で電車の中で言い争いをした黒人青年を警官が地面に伏せさせ、その背中を拳銃で撃ち抜いた。2013年3月、ニューヨークで16歳の少年が路上で腰のベルトに手をあて、それが拳銃を抜く動作だと勘違いした警官二人に7発も撃たれて死んだ。同じ年の10月、サンフランシスコに近い住宅地ソノマで、13歳のメキシコ系の少年がプラスチックのオモチャのライフルを持っていて、警官にやはり7発も撃たれて殺された。

それでいながら、「我々白人は、差別され、揶揄《やゆ》され、地位を奪われ、攻撃され、絶滅の危機にさらされている！」と抗議デモに参加するよう呼びかけている男もいるという。

なんでもありのアメリカ、バカ大国であることは確かだろう。とにかく、「バカ」に銃を持たせて、自由にしているのだから始末が悪い。大学構内での銃の発砲事件は度々起きている。といっても、銃が手放せないのが、アメリカの歴史である。

その歴史について、拙著のショートショート「こわーい　お話」(九条の会市川)のなかの〝銃〟を転載する。


「昔、昔、その昔、アメリカにはインディアンがいくつかの集団に分かれて、農耕や狩り、漁労とかいったいわば自然に溶け合った生活をしていました。

そこに銃を持った白人たちが押し入ったのです。そして、獲物が住む森林を荒らし、木を伐採して土地を開きはじめました。インディアンは土地を守ろうと必死でした。そこで、お互いの襲撃が繰り返されました。

しかし、インディアンは次第に駆逐《くちく》されていきました。開拓者たちは、どんどん西に進んで辺境に達しました。ところが、辺境まで軍隊はきてくれません。そこで、開拓者たちはインディアンの襲撃に備えて一人ひとりが武装しなくてはならなくなりました。銃で勝ち取った土地は、銃で守りぬく以外になかったのです。その戦いの相手は、インディアンだけではありません。イギリスとも戦いました。所謂、独立戦争です。イギリスとの戦いは、ヨークタウンの戦いが勝利に導きました。

イギリスから独立したアメリカは、新たにミシシッピー、ルイジアナ、フロリダ、カリフォルニア、ネバタ、ユタ、コロラド、ニューメキシコ各州にわたる広い領土を手に入れました。しかし、ここでも広大な平原地帯に自然と共に暮らしているインディアンとの衝突は避けられませんでした。

平原地帯には、スー、シャイアン、コマンチ、アパッチ族がバッファローの群れを追いながら馬で自由に移動していたのです。白人たちが侵入して来なければ、何一つ不満のない社会だったのです。白人がどんどんインディアンの領地に入りこんでは、酋長たちを集めて条約を結びました。インディアンが条約で定められた領地に行くと、また白人が入ってくるのです。この繰り返しに怒ったインディアンは、白人を襲撃しました。すると、政府は軍隊を派遣して鎮圧しました。鎮圧というのは、おおむね皆殺しです。

インディアンとの戦いでは、多くの命が奪われました。さらに多くの命を奪ったのは南北戦争です。この戦争は北軍の勝利に終わり、鉄道が開通するとあらゆる人間が西部に流れ込んできました。

西部の街の人たちにとって、銃は身を守るための必需品でした。そして、相手を倒した勝者が正義のガンマンとなり、保安官となりました。

今も、この姿勢は変わりません。世界の自由を守るため、アメリカは自ら保安官を任ずるようになってヨーロッパへアジアへも進出していきました。世界の保安官アメリカは、同盟国という保安官助手を任命しては、その国に武器を供与してきました。武器がなければアメリカの〝平和と正義〟は守れないのです。

第二次世界大戦もアメリカは、〝正義の戦争〟でした。戦っていなければ生きられないのが、アメリカの歴史なのです。

イラク戦争では、月間一兆二千億円もの戦費を使ってきたといわれています。しかし、戦争するからには、世界の世論を納得させねばなりません。ヨーロッパ諸国や日本を戦争に巻き込めば、孤立してアメリカだけが批判を浴びることはありません。

今、アメリカは日本を保安官助手に任命したいのです。安倍総理は、保安官助手になりたくてウズウズしています。なれないのは、憲法九条が立ちはだかっているからです。この九条は、世界に誇れ……」

突然、演壇の講師の声はボリュームいっぱいの拡声器による　♪守るも攻めるも　黒がねの――という、軍歌によってかき消されました。講演を妨害する宣伝カーが乗り付けたのです。

このショートショートを発行したのは、二〇〇七年。今では、戦争法案によって本当にアメリカの保安官助手になってしまった。

小林至著「アメリカ人はバカなのか」（幻冬舎文庫）のなかには、次のような記述がある。

コソボにしろ、イラクにしろ、自分の領土が侵されたわけでもないのに、主権国家を踏みにじって虐殺する様子をテレビの前で、何の疑いもなく、やんやの喝采を送りながら熱狂できるのも、いかにこの米国流のマインド・コントロールが強いかの証しです。

「百歩譲って、フセインにしろ、ミロシュビッチにしろ、彼らが本当に悪いことをしているとしても、あなたの国の軍隊は、同時に何の罪もない非戦闘員を大量虐殺しているのですよ」と米国人に問えば、恐らく99％の人々は、「正義のためだから仕方ない」と答えるでしょう。

誰もが銃の禁止を望んでいるが――米国の銃による子供の死亡率は世界一だという。

二〇〇〇年代の学校での主な銃乱射事件を列挙してみると、二〇〇五年三月にミネソタ州の高校で、二〇〇七年四月にバージニア州の大学で、二〇一二年一二月にコネティカット州の小学校で、二〇一三年六月にカリフォルニア州の大学で、同じ年の一〇月にネバタ州の中学校で、二〇一四年一〇月にワシントン州の高校で、二〇一五年一〇月オレゴン州の短大で、さらに一二月にはカリフォルニア州の福祉施設内で乱射事件が起きている。

オバマ大統領が、「乱射事件が繰り返し起きる先進国はほかにない」と、規制強化を議会に促している。しかし、規制議論が再燃する度、自衛目的や駆け込み需要で銃は記録的な売上げを示し、最近は主婦層にもすそ野が広がっているという。

自由な国アメリカ――二十数年前、川谷拓三は仕事で行ったのを機会に、一日だけニューヨークを飛び回って42丁目に足を踏み入れた時の様子を、「ひらがな人生」（廣済堂）に書いている。


街角には、若者たちが、真っ昼間からウロウロしている。コインを一杯手の中でもて遊びながら、オレたち通行人を目で追っている。ただ意味もなく、街をウロウロしているのだ。

オレは怖かった。何か、とてつもなく恐ろしい場所に足をふみ込んじまったな、と思った。ただそれだけだった。何かされる、このままじゃすみそうもない、と本気でそう思った。

アメリカは、これから良くなる国なんかじゃ決してない。どんどん悪くなる一方のどうしようもない国なんだ、とオレは思った。

そして、最後に〈それにしても、偉大な国アメリカ、これからいったいどこに行こうとしているんだろう〉と。

それに応えているのが、堤未果著の「沈みゆく大国アメリカ」(集英社新書)である。その目次を、ここに七つほど列挙する。

〈自己破産理由のトップは「医療費」〉、〈夢から覚めたら保険料が二倍に〉、〈一粒一〇万円の薬〉、〈大増税ショックが中流を襲う〉、〈自殺率トップは医師〉、〈すさまじい権力総合がくる〉、〈国家戦略特区を知っていますか?〉など。

二〇一三年一二月の会期末、無理やり通した〈特定秘密保護法〉の裏に、もう一つ重要な法案が隠されていた。

〈国家戦略特区法〉だ。

実はこの法律は、八〇年代以降すさまじい勢いで国家解体中のアメリカと同じ道をたどる内容にもかかわらず、法律が成立したこともその内容も、いまだに多くの国民に知らされていない。

〈国家戦略特区法〉は、ひとことで言うと「特定の地区で、通常できないダイナミックな規制緩和を行い、企業が商売をしやすい環境を作ることで国内外の投資家を呼びこむ」という内容だ。

つまり、「企業天国」が誕生するという。

そして、〈次なるゲームのステージは日本〉だと――

取材の中で、アメリカの医療現場の人々に幾度となく言われた言葉がある。

「あなたの国の国民皆保険制度がうらやましい」

WHOが絶賛し、世界四〇か国が導入する日本の制度。時代の中、さまざまな変化と共に個々の問題は出ているが、時の厚生労働省や医師会、心ある人々によって守られ、なんとか解体されずに残ってきたそのコンセプトは、私たちの国日本が持つ数少ない宝ものの一つなのだ。

それが今、かつてよりはるかに大きい規模と資金力を手に入れたゲームプレイヤーたちによって、激しい攻撃をかけられている。

著者は、〈アメリカ。私の愛してやまない国。そのアメリカが壊されてゆくことへの怒りと、守ろうと闘う人々の存在が、取材を続けてゆく原動力になる〉と。

2　イタリアの「バカ」

「イタリアの馬鹿男、日本の駄目男」（ＪＰＳ出版局）を書いているのが、かわいゆうこである。

著者が頭を悩ますのは、イタリア男性からの「ナンパ」で、断っても、断っても諦めない、「この馬鹿男たちをどのように追い払うのか」と考えるだけで一生懸命だという。

一度狙った獲物は決して外さないのがイタリア男性——。

警戒する女性に対しても、「そんなことないよ。僕は真剣なんだ」と喰らいつく。相手の女性に無視されようが、疑われようが、嫌われようが、お構いなし。とりあえずアタックする。それは、まるで「特攻隊精神」だ。イタリア人男性は、見知らぬ一目惚れの女性に対して、即興的に、難なく、「ナンパ」をやってのけることに、少しの「ためらい」も感じられない。

とにかく、どうしたら女性の「愛」を勝ち取れるか、そのことには努力を一切惜しまないという。それは、日本人女性だけでなく、スペインの女性に対しても同じである。

「スペイン人の男も馬鹿だけど、イタリア人の男はもっと大馬鹿よ。イタリアは、どこへ行っても男が図々しく声をかけてくるの。一日に何人もよ。彼らはみんな、一日中女のことしか考えていないのかしら？」と、スペイン人の女性は言った。

ある夏、ローマで著者はホテルで知り合ったイタリア人男性から、アイスクリームを食べにいかないかと誘われ、アイスクリームくらいならとアイスクリームショップまで付き合っている。

ところが……。タダほど高いものはないというが、アイスクリームショップを出てから、誘ってくれた男性が私を口説いてきた。

「今から、僕の部屋に来ないか？　アイスクリームみたいに互いに身体をなめ合うのも楽しそうだろう？」

えっ、えっ、えっ〜!?　あまりの驚きで食べたアイスクリームを吐き出しそうになった。何で、アイスクリームごときで、変態プレイに付き合わなきゃならんのだ。

と。「紳士の国」といえば、やはりイギリスを連想する人も多いだろう。〈だが、イギリス人男性は総じて女性に対する態度は控えめで、「ロマンス」という点では、不器用で知られている。イタリア人男性の方は、女性に対して親切というだけでなく、「ロマンティック」に接するのが得意である。それゆえ、イタリア人男性は、世界中の女性たちから「セックスシンボル」のように扱われ、愛される。単にナンパの数が多いから、イタリア人男性は女性にモテるわけではない〉と。

日本とイタリアでは、ナンパに対する発想もまったく逆だ。

日本では、公衆のド真ん中で、見知らぬ女性を口説くという行為は、節操のない、礼儀に欠けた、軽率な「馬鹿男」のすることだが、逆にイタリアでは、公衆のド真ん中で堂々と女も口説けないのは、臆病で、自分に自信のない「駄目男」ということになる。

と。そして、〈イタリアでは、男性が女性を常習的にナンパしていても非常識ではないが、日本では、すぐにプレイボーイのレッテルを貼られ、社会的信用の失墜につながることになる〉と、書かれている。

ところで著者は、〈立ちションは男の特権〉の見出しのなかで、〈私は、トイレで、どうしたら「立ちション」できるか考えた。でも、女の私には、絶対に無理だと悟った。女では、オシッコが前に飛ばないからだ〉と書かれているが、戦後、お婆さんが腰巻きをしていた頃、私の田舎では両手で着物の裾をチョイとつまんで持ち上げ、腰を折って立ちションをしていたのだから、〈絶対に無理〉ということはない。というのは、腰巻きをしていて前に飛ばないから出来たのだ。

小便のことはさておき、イタリアの女性は、そういう優しい男をどういう眼で見ているのだろうか。「イタリア謎だらけ」（中公文庫）の著者、タカコ・半沢・メロジーは、目次の「男と女の恋もよう」のなかで、〝嫉妬の演技は俳優以上〟と書いている。

バースデイパーティーに或る夫婦が出席、パーティーの途中、彼が日本女性と話していたら、「他の女性と話すのはいいけど、長すぎる！　許せない」と怒りの爆発！　体全体を震わせ憤慨したまま、ひとりタクシーで帰ってしまった、と。

私が思うに、夫は妻の眼の前で別の女を口説いていたのだろう。なかなか落とせないので、長引いたのだ。夫にとっては、〝嫉妬のない愛はない〟という、妻の嫉妬がまたいいのかも知れない。

第七章では、「嫉妬の演技は俳優以上」、「意外に少ない美男美女カップル」さらに、「強い女性と優しすぎる男性」、「口説きのテクニックは健在なり」、「結婚の伝統の新しい形」といった項目が並んでいるが、イタリア男性が口説く文句は、同じである。

著者は恋愛に関するエッセイを執筆した際、次のような質問をぶつけている。


——あなたは嫉妬深いタイプ？

すると、九九パーセントの割合で、「もちろん！」と答えが返ってきた。「だって、彼（彼女）を愛しているから」と。

逆に、嫉妬をされたときのことを尋ねても、同様。

——嫌にならない、ジェラシーが強いと？　嫉妬されすぎ、というのも閉口するでしょ？

「そんなことない」と、イタリア人は断言する。なぜなら、「それだけ愛されている証拠だから」と胸を張る。この国にあっては、ジェラシーが愛の勲章なのだと悟った私だ。

イタリア人の嫉妬には、男女差、地域差、教養や知性の差が存在しない、と痛感する。異なるのは、表わしかた。一般に、男性より女性のほうが感情に走りやすいのではないだろうか。

〈別な表現をするなら、男性のほうが根深く暗い。前記の在日イタリア女性のようなデモンストレーション過多の嫉妬は見せないぶん、突発的にとんでもない行為に走ったりするケースがある。この国でのジェラシーによる殺傷事件は、圧倒的に男性が加害者だ〉と。といっても、離婚率は低い。というのは、法的な離婚許可が下されるまで、他国以上の年月、そしてお金を要するからだと。判決まで十年近くの年月が必要だった者もいたそうだ。さらに、〈事実か否かは定かではないが、バイアグラがよく売れている国、それはイタリア、とか。発売当初、ダントツの勢いで、購入希望者が押し寄せた、という報道すらあった。イタリアでは、バイアグラと呼ばれるこの精力増強剤。今や中国産のコピー剤まで市場にお目見え。けっこうな市場のマトになっているらしい〉ところが、〈昨今の男性陣の性欲ぶりに翳りが生じ始めた気配だ〉と、書かれている。

いずれにしろ、この国の男性たちは美辞麗句や愛のセリフをささやくことについて、天才ぞろいという。

恋人どうしになる前だって、次の会話などごくごく当たりまえだ。

彼　チャオ。元気？

彼女　チャオ。うーん、ちょっと体調がすぐれなくて……。

彼　そんな〜あ。元気出してくれよ。キミがぐあい悪くなったら、俺、どうしたらいいんだい？

彼女　また、また。そんな冗談、やめてちょうだい。

彼　とんでもないっ！　本気だよ。キミのいない人生なんて考えられないんだから、早く元気になってくれよな、この俺のためにも。

文にすると、なんとも白々しい。ところが、テンポあるイタリア語での会話ゆえ、ときめき度、充分。女性を優越感にひたらせてくれるイタリア男のテクニックは舌を巻くばかりだ。

さらに、彼女のほうから電話を掛けて、〈「プロント（もしもし）、元気？　なにしてるの？」との問いには、すぐさま、「驚いたな〜あ。ちょうど今、キミのことを考えていたんだよ」と言えてしまうのがこの国の男性。相手の女性の名前や顔が出てこなくたって、言葉で返せてしまう〉と。

著者は言う。イタリア男性の口説きは、「信用しないほうがベター」ということが多い。「嘘つきと思え」はオーバーであろうが、鵜呑みにするのはすすめないと。但し、この本の発行は、二〇〇四年であることも念頭に――。

3　オーストラリアの「バカ」

『おバカ大国』オーストラリア」（中公新書ラクレ）を書いたのが沢木サニー祐二である。しかし、サブタイトルには「だけど　幸福度世界1位！　日本20位！」とある。

おバカととれる事例なら、掃いて捨てるほどあります。

町を見渡せば、基本的に庭の犬は放し飼いのため、トラブルが多発。赤信号が見えたら車はとりあえず加速。交差点の直前で急ブレーキ。歩行者は歩行者で、赤信号でも道路をどんどん渡っていくので事故だらけ。

彼らはよくクラクションを鳴らしますが、鳴らされたら、すかさず鳴らし返すのが、もはや礼儀となっています。

それは、町の人ばかりではなく、テレビの夜のニュースは定時より3分から5分くらい遅れて始まり、15分くらい遅れても、お詫びなどないという。

著者が「おバカ」と呼ぶ理由は、「原因」と「結果」がつながらない国で、卑下《ひげ》したり揶《や》揄《ゆ》するのではなく、ある意味で突き抜けた、あっけらかんとした生き方に愛情と敬意を抱き、「おバカ」と呼びたいと書いている。

オーストラリアでは、4人に1人が大麻経験者だという。毎年開かれる野外音楽イベントでバンドのメンバーが「麻薬探知犬の見回りを止めて欲しい」という請願書を警察に出したのは、麻薬探知犬が回ってくることで、ドラッグを持っている人は、一気に飲んでしまう事故が多発していたからだと。一気飲みすると、過剰投与で死者も出るのだ。

さらに、イベント終了後、ゴールドコースト空港からシドニーへのフライトを就航していたジェットスターは、機内アナウンスで「シドニー国内線ターミナルには、麻薬探知犬や取締官が検査のために待ち構えています。『持ってはいけないもの』をお持ちの方は到着前にトイレに流しましょう」とアナウンスすると、これを聞いた人は本当にトイレに殺到した。ジェットスターは「検査があることを伝えるのは規定に従ったまでだが、言葉の選び方がまずかった」としてこのスタッフを懲戒処分したという。

オーストラリアでは、交通事故について「避けられないもの」「起こって当然のこと」などと考えられている。

「危ないときは相手がよけっぺ。ぶつかりそうだったらクラクションを鳴らしてくるさ。何も聞こえないなら、大丈夫っ！」

「相手に譲るなんて弱々しいこった。ぶつかったらそれまでよっ！」

そんななかで運転するコツは、こちらからよけること、それに限ります。あるいは危険を感じたら積極的にクラクションを使うこと。

オージー的行為ですが、クラクションを鳴らさないと本当に彼らは止まりません。そして、クラクションは、鳴らされたら即座に鳴らし返すのが、オージー的な正しい礼儀作法です。


もし、〈ぶつけられたと思ったら、即座に相手の車のナンバーを書き留めるか、スマホや携帯で写真を撮るのが、事故対策の基本になっている〉という。

さらに、オーストラリアの基準だと一杯ひっかけて運転するくらいならば合法。ワイングラス一杯ぐらいなら許容範囲におさまると。

だが、危ないのは車だけではなく、電車が赤信号を無視して走りつづけた。この運転士は覚醒剤による影響のあることが分かり、停職となったと書かれている。

日本から来た人たちが驚くことの一つが、物価高。日用品から食料品、加工食品、レストラン、カフェ、どこにいっても日本基準からは「あり得ない」という値段ばかりだという。

勿論、人件費も高騰している。それは、要求するだけ要求して、一度得たものは絶対手放さない。この積み重ねで既得権益を積み上げてきたと。

〈諸手当、病欠、休暇、補助金、国際的にあまり有名でない企業でも、日本の一流企業の福利厚生が当たり前になっています〉と、そして〈会社は個人の高い給与を負担しながら即戦力となる人材をどんどん取り入れて回転させ、中核となる社員は固定させてより効率のよい組織運営となります。国の成長はそこそこになっても個人がまず幸福になる気運こそがそこにあります。会社が幸福になるか、個人が幸福になるか。求めるものの違いがみえてきます〉と書いている。

そうしたオーストラリアは「先進国」でしょうか？　と著者は質問を投げている。世界的にある程度認められた先進国、G７（先進７カ国）といえば、アメリカ、フランス、イギリス、ドイツ、イタリア、カナダ、日本で、オーストラリアはこのG７には入っていない。その理由の一つは、農業国。二つめは、移民大国だから。しかし、先進国としておいたほうが、すべてが丸く収まるかもしれませんと著者はいう。

そして最後に、「おバカ大国が教えてくれること」として、日本などに比べ相対的にストレスが少ないと思うと——。

夕立が来て洗濯物がびしょ濡れになったら、次に晴れて乾くまで何日も放置。隣家の人々は留守なのだろうかとこちらが心配していると、1週間くらいして晴れ晴れと洗濯物を取り込んでいました。

確かにおバカ、もしくは脳天気とも言えるかもしれません。しかしこの脳天気さこそが、幸福さの要因の一つなのではないでしょうか。

そして、著者が定めた〈オージから学ぶ、幸福10カ条〉のなかに、〈他人の言うことをあまり聞かない〉とか、〈常に自分のタイミングで〉、〈不必要なことならば、しない〉、〈嫌なことなら我慢しない〉などを列挙している。

同じようなことを、宮城ジョージがオーストラリア人のことを「99%がバカに洗脳された国NIPPON」（ヒカルランド）に——。

オーストラリアでは、残業なんてほとんどなくて、数分の遅刻なんて当たり前、不正も多い。職種にもよるが、1年のうちに4〜5週間の有給を取ることは珍しい話ではない。安いレストランの接客態度は悪く、皿もちゃんと洗われていないうえに、味もいいとは言えない。こんな環境で日本より給料が安いなら納得するが、オーストラリアの一人あたりのＧＤＰは世界で７位と日本より遙かに高いから驚く。
と書いている。
日本のことについては、〈支配者１％に蹂躙されて、人々の生活はどんどん貧しく惨めになる〉と――

自民党が必死になって特定秘密保護法を成立させたのもそのためだ。都合の悪い情報が表に出てしまってはＴＰＰもＮＷＯも発効出来ないことを知っているからだ。
１％の日本人しか真実を知らないうちに情報を法律で保護し、ＴＰＰとＮＷＯの準備を進める。１％の日本国民が真実を知れば確実に白紙に戻さなきゃいけなくなる。10％の日本人が目覚めてくれたら残りの日本人が目覚めるのは時間の問題となる。だから１％しか真実を知らないまま今のうちに手を打った。

そして――

安倍首相は日本国民の生活を壊すべく、日本の首都である東京都を国家戦略特区にし、都民の生活レベルをどん底に落として、ウォール街の連中に資産を贈与する計画である。舛添要一都知事はそのお手伝いをするために都知事になったのである。舛添氏といえば、厚生労働大臣を務めた経歴がある。竹中平蔵に引けを取らない悪名高き売国奴の一人である。

さらに――

現政権にいる安倍晋三は憲法解釈を変更して〝戦前の日本〟を取り戻そうとしているから、情報拡散して阻止しなければならない。安倍総理は竹中平蔵と連携し、アメリカ系メーソンに一切抵抗せず、日本人が苦労して築いた資産を差し出そうとしている売国奴だ。

と、手厳しく批判している。

その他、〈大企業と富裕層にちゃんと課税すれば消費税はいらない〉とか、〈ここまで恐ろしい／人口削減のために次々と改悪された社会保障制度〉、〈日本人が世界に胸を張って誇れるものは沢山ある〉、〈国内法を無効にするＴＰＰ!!／知ってますか!?〉などの項目を列挙している。

占有率99%のバカをさらに進めて、99・9%にしたのが、ロマン優光著「日本人の99・9%はバカ」（コア新書）である。

こんなに間抜けな人がどんどん日本を右傾化していくことに成功していってるという現実。ほんとに耐え難いです。前回の選挙で自民党が大勝利をおさめたのも、別に集団的自衛権や憲法改正を支持する人が多かったわけでなく、アベノミクスが評価されたのと、野党が信用なさすぎて入れる党がないから自民に入れた人も多かったわけじゃないですか。

日本の右傾化について、中野晃一は「右傾化する日本政治」（岩波新書）のなかで――

つまり自民党はおよそ六人に一人の有権者にしか積極的に支持を受けていないのであるが、有効な対抗勢力が存在しない今や、自公合わせて衆議院で三分の二、参議院で過半数を確保できるのである。右傾化した有権者が安倍の再登板を渇望した、というわけではなかったことは、投票率と自民党の得票数の低迷に表れている。またそれは第二次安倍政権の内閣支持率が比較的高いレベルで推移しているにもかかわらず、各種世論調査における特定秘密保護法、集団的自衛権、消費税増税、原発再稼働など個別の重要政策についての有権者の態度が政府の方針と見事なまでに乖離《かいり》を見せる傾向にも表れているといえるだろう。

と。再び、ロマン優光の著書にもどると――

右傾化が進んでいるとはいえ、戦争ができるようにしたい人がまだそんなに多いわけじゃないですよね。にもかかわらず、安倍さんはヒットラーのようなカリスマ性も別にないし、頭が切れるわけでもない、言動も迂闊で、どちらかといえばダメなタイプの人なのに着実にことを進めているんですよね……。

〈第一章　政治、ネトウヨ界隈のバカ〉では、〈ネットばかりやってると、捏造《ねつぞう》情報に踊らされたり、うすい情報で知ってるつもりになったり、いかれたバカに出会い頭に噛みつかれたりする機会が増えてしまうので、ネットなんかやったっていいことなんて一つもないような気がしてきました〉と書いて、百田尚樹をバカの一人にあげている。

「純愛」という作品をめぐる騒動で見せた百田さんの言動は世の中の大半の人から見ておかしなものです。対立する両者の片側だけの言い分だけを聞いて裏付け取材もせず一方的に片側だけを悪く言うのはノンフィクションを書く者の姿勢として普通に間違っているのですが、それに対して疑問を抱く人が現れると「被取材者に対する誹謗中傷である」として怒り狂うのです。

さらに〈改めて、百田尚樹氏のツイートを拝見したのですが、なんというのか一言で言うとネトウヨですね。もうすぐ還暦を迎えようというおじさんがネトウヨですよ。ビックリです。民主党が嫌いで、歴史修正主義者で、改憲論者で、集団的自衛権という言葉の意味を理解しておらず、売国奴とか反日という言葉が好きで、それらの全てが底が浅いという、ネットで「真実」を知ってしまうと、興奮して騒ぎだしてる中学生と同じレベルなんで逐一内容に触れる価値もないというか、ただのバカですね〉と。

そして、〈バカの対処方法と言っても、結局は見かけたら避けるか、他の人の力を借りてみんなで対処するぐらいなもんです。バカの存在しない世界に行きたい！　バカがこの世界から消え去れば、どんなに素晴らしいことでしょう。しかし、バカを駆逐することは不可能です。たとえ今、存在する全てのバカを消し去ったところで、ふと気がつけばバカは自然発生してくるのです〉と書いている。

最後に、〈バカは他者ではありません。バカの持つ病理は全て自分自身の中に存在しています〉さらに、〈バカと付き合うということ。それは結局、最終的には自分自身の内なるバカを見つめていくことなのではないかと思うのです〉と。

4 中国の「バカ」

中国赴任中の期間に、中国をくまなく巡った男がいる。その男が、中国全省で「バカヤロー」と叫んでいるのだ。

走るトラックの屋根に3人の男たちが乗っていたのを目撃して、思わず「そんなアホな……」と呟き、ホテルに着いたら電気がつかなかったり……。中国本土と行き来する出入国手続きの場では、日本語で「お前らええかげんにせぇよ！　割り込むなボケーッ!!」と、怒鳴っている。

そんな経験をした中田和尚が書いたのが、「中国の全省で　バカヤローと叫ぶ」（彩図社）である。

また、バスのなかでの指定席に、当たり前のようにして座っている中国人——「オッサン、アンタの切符、ちょっと見せてみいや！」

しかし、おっさんはさらにふてぶてしい態度をもって、三たびオレを無視した。んぎいぃ！　いくら温厚なオレでもキレるよ。オレは、めったなことがない限り激怒することはない……が、ここはさすがにキレ時だ。

「ワレ、ええかげんにせいよ！　しまいにゃシバくぞ、ゴルァ!!」（巻き舌関西弁）

実はここまで声を荒らげずとも、後で車掌が乗車券の確認に回ってくる際、オヤジがつまみ出されることは分かっていた。つまりオレは、3回も無視された仕返しをすべく、多少の演技も交えて怒鳴ったのである。

指定席に当たり前のように座っているだけではない。バスの窓からゲロ袋を投げ捨てたり、バナナの皮を店の外に投げつけたり、お偉いさんが立ち小便をしていたり、満員になってからも客を乗せつづけていることが満載されている。

〈恐るべし中国人、そして恐るべし中華人民共和国——こうして、最後の最後までひどい目に遇わされたオレだったが、なぜか思わずニヤニヤしながら、小さな声で「バカヤロー」

と1人つぶやき、眠りについたのだった〉で結んでいる。

中国人は日本人と同じ漢字を使い、同じような容姿をしていながら、「バカ」を軽蔑語とは受け取らない。「似て非なる」人種だというのが、孔健である。

彼の著書、「日本人と中国人、どっちが『馬鹿』か」（講談社）には——


日本人は真実は一つしかないと信じ込み、白か黒かの決着をつけたがる。

中国人は真実は二つ以上あるとおおらかに考え、一つの結論を押しつけない。

例えば、日本人は、「ワイロはすべて悪い」と決めつける。中国人は「ワイロには悪いワイロと、よいワイロの二つがある」と考える。


と、〈まえがき〉に書いている。

〈潔癖な日本人は、お金と物の間に区別をつける。物を贈れば、たいていは許されるが、お金を贈ればワイロと非難される。

だから、商品券とかいう、変なものが登場する。現金を贈ってはいけないが、商品券なら失礼ではないという論理なのだろうが、中国人から言わせれば、とってつけたような奇妙な習慣である。大ざっぱにものごとを考える中国人は、物とお金の間に、区別はつけない。物であろうとお金であろうと、ワイロはワイロである〉と。

また、〈中国人はいいかげんだが、日本人もノーテンキ〉では、日本人は一等品を選ぶが、中国人は等外品を選ぶという——


中国人は「十個のうち、九個も一等品ができた」と満足する。

日本人は「十個のうち、一個も不良品ができてしまった」とくやしがる。

日本人はすべてに完璧を求める。中国人は、百パーセントの成功は求めない。老子の言葉に「水満必溢」（水は満ちると、必ず溢れる）がある。百パーセントの成功を求めようとすると、必ず失敗するということである。


さらに、「中国人は忘恩の徒が多い」と非難する日本人が多いが、日本人こそ恩知らずだという。

それぞれが領有権を主張している尖閣諸島については——


中国人は〝国境問題〟の怖さを身を持って知っている。古くは、匈奴の侵入を防いだ万里の長城の建設から、最近の中ソ国境紛争、ベトナムとの戦争など、枚挙にいとまがない。ところが、四方が海という自然の国境に囲まれている日本人は、国境問題に鈍感である。

故鄧小平氏が、領有権の問題については、棚上げ論を主張したのは、深謀遠慮を働かせてのことだ。今、ここで、領有問題を正面から取り上げれば、両国の対立は抜き差しならないものになってしまう。だから、これを先延ばしにしましょう、というのである。

著者はいう。〈とにかく、拙速は最悪である。血を流すことだけは、やめにしたいものである〉と。

この尖閣諸島や竹島について、「バカが多いのは理由がある」（集英社）の著者、橘玲は〈日本政府は領有権の歴史的正当性を主張していますが、中国や韓国、ロシアにも別の〝歴史（物語）〟があり、領土をめぐる紛争は原理的に解決不可能です〉と、そして〈……どれほど歴史を遡《さかのぼ》っても、〝固有〟の領土だという完全な証明はできません。どの国も結論が先にあって、それを正当化する理屈を後から考えているのです〉という。

そこで、相互信頼と危機管理体制の構築という「共通の土俵」が出来ていた。尖閣諸島の場合、これをぶち壊したのが石原慎太郎である。彼は「東京都は、あの尖閣諸島を買います」とぶち上げた。

当時の野田政権は、政府としての対応を迫られ尖閣国有化の方針を表明した。

はしなくもこの日は、日中戦争の発端となった盧溝橋事件から七五周年の記念日であり、中国の世論では「日本と一戦を交える」などの過激な発言が強まり、中国当局も「弱腰」での対応を許されなくなっていったのである。ここには、野田首相や彼の外交・安全保障問題担当補佐官として問題を直接担当した長島昭久などが、いかに歴史認識を欠落させていたかが鮮明に示されている。

（豊下楢彦、古関彰一著「集団的自衛権と安全保障」岩波新書）

三つの領土問題は、第二次世界大戦後の戦後処理に関わってくる。従って、ポツダム宣言受諾からサンフランシスコ講和条約に至る一連の日本の戦後処理の根本方針によって規定されざるを得ない、と「永続敗戦論」（太田出版）の著者、白井聡は、いう。

このことが国民的に理解されない限り、領土問題の平和的解決はあり得ず、したがってこれらの、それ自体は些末である問題が戦争の潜在的脅威であり続ける状態は終わらない。

しかし、結論から先に言ってしまえば、この国の支配的権力は敗戦の事実を公然と認めることができない（それはその正統性の危機につながる）がゆえに、領土問題の道理ある解決に向けて前進する能力を、根本的に持たない。こうした状態のなかで、「尖閣も竹島も北方領土も文句なしに我が国のものだ」「不条理なことを言う外国は討つべし」という国際的には全く通用しない夜郎自大の「勇ましい」主張が、「愛国主義」として通用するという無残きわまりない状況が現出しているわけである。

さらに、安倍首相の改憲論にふれ、自民党本部の講演で北朝鮮による拉致被害者を引き合いに出して、「――こういう憲法でなければ、横田めぐみさんを守れたかもしれない」と訴えたことについて――

安倍首相の発言の非論理性・無根拠性は、悲惨の一語に尽きる。なぜ憲法第九条がなければ拉致被害を防ぐことができたと言えるのか、そこには一片の根拠もない。現に中国や韓国は「平和憲法を持っていないが（韓国に至っては戦争状態になりながら）、拉致被害の発生を防ぐことはできなかった。この発言の無根拠性を自ら意識していないのだとすれば、首相の知性は重大な欠陥を抱えていると判断するほかない。逆にそれを承知でこうした発言を行っているのだとすれば、首相の「拉致問題解決への意欲」と評されてきた姿勢の本質は、被害者の救済を目指すものではなくこの問題の政治利用にこそある、とみなさざるを得ない。

と。安倍首相の無知を露呈しているので、引き合いに出させて貰った。

孔健の著書に戻るが、前記の本が出版される二年前に「日本人は永遠に中国人を理解できない」（講談社）を出版している。

この本の目次の、〈戦争をまったく反省していない日本人〉というなかで、中国を訪れた日本人が――

「うわー、懐かしい。昔ここにきたことがあるんです」

ここまではいい。

もちろん中国人の方も、

「そこで、どんなひどいことをやったんですか？」などとは聞かない。

ところが日本人は、この後がいけない。

「あっ、あそこに、売春宿があったんです。軍隊はつらいところだったから、あれだけが楽しみ。中国娘がズラリと並んでサービスしてくれるんです」

これだけでも、中国人のプライドを傷つけるのに十分な発言である。夜になるとお酒が入って、さらに発言はエスカレートする。

「いやー、中国の女性はすばらしい。我愛中国姑娘」

などと、公人のいる前で平気でやらかす。

結局、その男は強制送還同様に帰国させられたという。確かに、そういう人もいるだろうが、〈反省していない日本人〉と、じっぱひとからげにして言わないで欲しい。

「私たちの国日本が、お国にたいし悪逆非道な侵略をおこない、言語に絶する残酷な犯罪をかさねたことを、人民の一人として心からお詫びいたします」と、山形県の酒田港に強制連行された被害者に対しお詫びに訪中した日本人もいるのだから。

第四章　おりおりの「バカ」

1　「バカ」になって

自称「バカ」の私は、一九三二年、現在の韓国、かっての朝鮮で生まれた。その時は、日韓併合によって韓国総監府は朝鮮総督府と改称されていた。

父親は三菱系列の東山農事株式会社に勤務していた関係で、京城近くの本社のある水原から、全羅南道の羅州、そして全羅北道の東山農事に場長として転勤した。従って、私も東山小学校に転校する。ちなみに、〝東山〟とは岩崎弥太郎の〝雅号〟である。

私の母親は教育熱心で、「学年では、一番になるのよ」と、常に口にしていた。従って、学校から帰ると復習、予習が済まないと遊ばせてくれなかった。

「おくそのく〜ん、あ〜そぼ〜」と声がかかると、「いま、おべんきょうしてるから、あとでね」と、帰してしまうのだ。

その母から、「バカだねェ〜」と言われたのは、小学四年生のときである。理科の授業で、先生は生徒全員に拳をつくらせた。そして、先生は「誰が一番、長く辛抱できるか」と、拳の上に硫酸を一滴ずつ落としていった。私は、それが硫酸であることは知らない。私は一番になろうと、ヒリヒリするのを我慢して最後の一人になるまで頑張った。私が用意されているバケツに手を突っ込んだときは、すでに皮膚の奥深くまで火傷をしていた。

帰宅して事の顚末を母親に話したとき、「バカだねェ〜、硫酸で火傷することぐらい分かってるでしょう」と言われた。「先生は、硫酸だと言わないいんだもの、誰が一番長く辛抱できるかといったので、一番になろうと頑張ったんだ。母ちゃんは、いつも一番になれといってるじゃない」という私に、母は「火傷で一番になってどうするんだい。バカな子だよ」と言った。

小学校六年生になると、中学に入るための受験勉強が始まる。分からないことがあると三歳年上の兄に聞く。すると、「バカだな、こんな問題も出来ないのか」と言われる。私は母親に、兄を叱ってくれることを期待して、「兄ちゃんは、僕をバカって言うんだ」と告げる。すると、「バカという人が、バカなんだからね」と言った。母は私に、「バカな子だよ」と言ったのを、忘れていたようだ。私は兄に、「やーい、バカというのがバカなんだって」と、囃したかったが、次から教えて貰えなくなると思って我慢した。

ともあれ、私は全州南公立中学校に入学した。当時の中学校は軍隊に似ていて、登校する学校の校門には、歩哨のように上級生が立っていて、ゲートルの巻き方や服装について点検していた。校外で上級生に会うと立ち止まって敬礼しなければならなかった。これを怠ると、その場で往復ビンタの制裁を受けた。なかには、上級生より身体が大きいというだけで、殴られる下級生がいた。「理由もなく殴るなんて、おかしいよ」私が兄に訴えると、「バカな奴もいるからな」と言っただけだった。その兄が、陸軍予科士官学校に合格したとき、全校生徒のいる前で配属将校が「ここに、奥薗はいるか！」と、怒鳴った。何事かと、「はい、ここにいます」と手を上げたとき、「お前は、兄貴のようにならんといかん」と言う。この時ほど、「バカだな」と言った兄を誇らしく感じたことはなかった。

しかし、一九四五年八月、日本は戦争に負けた。兄には「詔書下りて、万事終われり」という陸軍省からの封書が届いた。

敗戦——そこで引き揚げとなる。それは、松本修が「全国アホ・バカ分布図」に書いている、まさに「馬鹿の家」との別れであった。「馬鹿の家」とは、〈奢《おご》り高ぶった末に落ちぶれてしまった高官の邸宅。その資金は、貧しい民衆からの搾取によってまかなわれていた〉と書かれている。私の父は高官ではなかったが、〝両班（ヤンバン）〟といわれ、カラタチの垣根に囲まれた敷地二千坪に屋敷は建てられていた。玄関に辿りつくのに、垣根を入って坂道を二十メートルは歩かねばならない。屋敷の部屋数は奥座敷、客間、居間と十以上あって、トイレも奥座敷、客間、居間とそれぞれ三カ所あった。子どものころ、雨の日はよく〝かくれんぼ〟をして遊んだものである。

その屋敷から裸一貫、祖父母のいる福岡県の大牟田に引き揚げてきた。大牟田には、父が朝鮮にいるときに建てた家と自作する農地が残されていた。

引き揚げてきて、私が中学校に登校する前にする仕事は、父の収穫した野菜を市場に運ぶリヤカーの後押しだった。市場に着いた後、近くの駅から電車にのって学校に行く。リヤカーの後押しは、野菜だけではない。休みの日には、人糞を入れた四つの肥タゴの後押しである。当時、人糞は貴重な肥料で遠くまで貰いに行っていた。

あるとき、私と父は街を一望できる見晴らしのいい丘のベンチで一休み。私は父に「あそこに、『ハカ』という看板が見えるでしょう。その近くに、僕の友人の家が……」という私に、父は「どこに『ハカ』という看板があるんだ」と聞く。「この指の先だよ」と私は指を差す。「バカだな」と父。「何がバカよ。ハカだよ」と私。「何を言ってるんだ。『ハカ』じゃない。『シカ』じゃないか」と父が言う。トンチンカンの問答が続いたのも無理はない。私は「歯科」の看板を「ハカ」と読んだのだ。これは、「歯医者」の「ハ」の思い込みであった。

夏、田植えのあと田んぼには、この肥ダメのクソが撒かれた。そして、ガンガラという草取り機を押して田の雑草を取り除く。真夏の田の水は熱かった。従って、田の草取りは朝か夕方に限られていた。田に水を入れるため、水車を踏むのも仕事の一つだ。これは、朝の仕事だった。

後年、テレビを観ているとき、体験学習というのだろうか、小学生が田植えをしている画像が映った。そこにレポーターが現れ、小学生に感想を求めたとき、「楽しかった」と答えた。私は思わず「バーカ、楽しかったら、毎日やってみろ。ヒルも吸いつくんだぞ」とテレビに向かって毒づいていた。

中学から高校に進学した私は、演劇部に入って倉田百三の「出家とその弟子」や有島武郎の「ドモ又の死」などの公演に参加し、夢中になって戯曲や小説を読む一方、学校の帰りに映画館にも通うようになった。映画は手当たり次第、なかには入場料を返して貰いたいような映画もあった。そんなとき、あんな映画のシナリオなら俺にも書けそうだと思ったのが、この道にはまりこんだ動機である。

一九五一年、高校を卒業した私は地元の大学を受験するも不合格。小説を読み、映画ばかり観ていたのだから無理もない。私は浪人することになった。浪人中も農業の手伝いは欠かせない。農業から逃れるには、家から離れる以外に道はなかった。

一年浪人した私は、中央大学経済学部の夜間部を受験した。中央大学を選んだのは、どこの大学より学費が安かったからだ。経済学部を選択したのは、高校のとき「共産主義の国ソビエトには、広告というものが必要ないんだ」と、先生が言った。「どうしてですか」私が聞くと、「経済を勉強すれば、すぐ分かることだ」と言われたことが、何か宿題のように思えていたからだ。

上京して、私が神田で買い求めた本は、野田高梧著「シナリオ構造論」（宝文館）とシナリオ作家協会編の「シナリオの書き方」、そして、古本屋で千三百頁に及ぶカール・マルクスの「資本論」（日本評論社）であった。

当時の中央大学はお茶の水にあった。大学の掲示板には、〈来たれ、社研〉とか〈青春を燃やせ！　ワンダーフォーゲル〉とか書かれた学友会の勧誘ビラが、所狭しと貼られていた。私はどこかのサークルに入ろうと、様々なサークルの部屋がある本館の地下室の階段を降りた。階段を降りて目に入ったのが、〈東欧文化研究会〉の看板である。〈東欧文化〉とは、どんな〈文化〉なのだろうと、その会に入った。

私は学校に行くと教室には行かず、部室に顔を出す。そこには、公務員、工員、銀行員など様々な職業の人たちがいて、私の知らない社会の話が新鮮だった。

大学で友達も出来た頃、私に「今日、下宿代を払わなければいけないんだ。その金が足りないので、貸してくれないか。三日後には金が入るので返すから」と言った友がいた。私は素直に、手持ちの金を貸した。すると、これを見ていた別の友人が「バカだな、奴に金を貸したらなかなか戻ってこないぞ」と言われた。人に金を貸して、「バカだな」と言われたのは、初めてだった。確かに、金が私の手元に返ってきたのは、半月先だった。

2 「バカねぇ」

現在も昔も、卒業するとき学生が就職活動するのは変わらない。

私が大学を卒業する一九五六年、「もはや戦後ではない」と発表された経済白書は、戦後の経済復興期にピリオドが打たれたことを明言した。国民所得は前年に比べて一割以上増え、設備投資も五割増しの大好況となったとはいえ、就職難の年であった。

大学で渡された、就職するための書類に〈政党支持〉を書く欄があった。私は、そこに〈社会党〉と書いた。提出後に、学友とその欄の話になった。その友は、「俺は共産党支持だが『支持政党なし』と書いた」と言う。私は「おれだって共産党だが、無難に社会党と書いたんだ」と言うと、「それは駄目だ。正直者はバカを見るんだ。正解は、『支持政党なし』だ」と。納得した私は、提出した書類を返して貰い書き直した。だが、その効果はなかった。

帰郷したとき、高校の教員をしていた兄に、「バッカだなぁ、どうして、教職課程を取らなかったんだ」と、呆れた顔で言われた。学校に行かなかったのだから仕方がない。それも、自分が承知のうえでバカになって恩給局の組合作りをしたのである。後悔はしなかった。その恩給局にそのまま残ることもできたが、ビラ貼りや課長の目の前での演説など、組合活動で当局から睨まれることばかりしてきた私である。危険思想の持ち主と烙印を押されているので、恩給局にいてもウダツは上がらないという思いもあった。

そこで、好きな道に進もうとツテを頼って、東宝の前身であるPCL映画製作所にいた多胡隆を訪ねた。月刊「シナリオ」誌（一九五二年八月号）の〈東宝映画のライター古今ばなし〉のなかで、佐々木能理男は〈多胡隆氏はその後文化映画に転じ、大いに活躍しています〉と紹介している。

そのときの多胡は、東京通信工業から社名をソニーに変えたばかりの子会社、株式会社オートスライドプロダクションの役員をしていた。業務内容は、企業の社員教育や新製品を紹介する視聴覚教材の制作である。百枚前後のポジフィルムを映画フィルムのように繋げ、一方ではテープにナレーションと音楽を入れて画面と同調させ、一シーンの解説が終わると自動的に次のシーンを映し出すのだ。

「ソニー自叙伝」（ソニー広報センター著　ワック株式会社）には、次のように書かれている。

テープレコーダーを応用した面白い機械ができた。発声自動幻灯装置オートスライドは、テープレコーダーとスライドを連動させたものだ。テープの裏に金属箔を貼りつけてあり、その金属箔が通過する時、スライドが一コマずつガチャンと動くようになっている。文字どおり音と画が同時に出るスライドだ。東通工では、オートスライドにテープレコーダーの利用法を取り入れ、オートスライドがテープレコーダー同様に便利な視聴覚教材であることを、学校にＰＲしてまわった。これは、学校以外にも官庁や銀行、デパートなど企業の教育宣伝活動に利用されるようになった。

これこそ〝電気紙芝居〟と言えないこともないが、シーンの数は百カット前後に及び、シナリオが必要だった。

私がシナリオを勉強していることを話すと、いずれはオートスライドのシナリオを書かせてくれるというのだ。

私が恩給局を辞めることを友人に話すと、「バッカだな、全員定員化闘争に取り組んでるときじゃないか。公務員が一番いいんだぞ」と言う。しかし、私は好きな道を選んだ。

会社は銀座八丁目の大通りに面した洋装店の二階と三階にあった。社員は十数名、二階は経理を中心にした事務室で、三階が制作部になっていた。

私の身分は作品ごとに契約する、契約社員。仕事の内容といえば、演出家を補佐する仕事、つまり地方ロケのときは切符を買いに走り、ロケ先での食事の準備をし、金の出し入れをすべてしなければならない。撮影の日程表やカット表をつくるのも、仕事の一つである。カット表というのは、シナリオに写すべき屋内や屋外のシーンがあると、屋内をまとめて写すようにして、屋内でもロングとアップをそれぞれ分けて書き出すのである。つまり、能率良く撮影をする下準備をするのだ。そして、撮影現場では写した写真を忠実にメモしていく。はじめは「この女性をナメていくよ」とか「ナカヌキでいこう」と言う監督の言葉を理解できなかった。「ナメて撮る」という意味が、画面の手前に入れ込むことを知ったのは、後のことである。

撮影が終わると、現像から上がったフィルムを一枚一枚マウントという厚紙に挟み込み、シナリオどおりに百枚前後の写真を並べていくのである。

演出助手をしばらくしていたが、オートスライドのシナリオを書いて見ろ、といって多胡から渡されたのが、一冊の〝岩波写真文庫〟だった。

〝岩波写真文庫〟は、岩波書店が一九五〇年から出版した「雲」とか「昆虫」、「紙」、「レンズ」、「雪」など、テーマ別の二百冊以上ある写真集である。主に名取洋之助が企画の中心になっていた。その写真集をオートスライドにして、自主作品として岩波と共同で売り出そうとしたのである。私は多胡の家に泊まり込んで特訓を受ける。

ところが、「雲」や「昆虫」などのシナリオを書き上げたとき、収録している写真集のネガは分散していて揃わずに、オートスライドにならなかった。

そして、私は現場に戻った。はじめて書いたオートスライドのシナリオは映像にならず、それまで恩給局での組合活動一辺倒でできた反動で、私は遊ぶことに熱中しはじめた。

金が入ると夜は飲み歩き、キャバレーへいくと帰りにホステスを土産にホテルにしけこんだ。そして、昼には暇さえあれば、パチンコ店に入り浸った。金が足りなくなると、洋服や時計を質屋に入れていた。

地方ロケのときも、カメラ助手と二人でロケ費を飲み代に使って、肝心のロケ費が足りなくなり、「バカヤロー」と演出家から大目玉をくらったことがある。

私が毎晩のように通っている飲み屋が新宿にあった。カウンターとテーブルのある、こぢんまりとした飲み屋だった。

あるとき、私はその店に飲みにきていた女性の客と仲良くなり、下宿にはたまにしか帰らずその女性のアパートから会社に通うようになった。

数カ月後、彼女は妊娠したというのだ。「堕せよ」と私がいうと、「嫌よ」という。話は平行線である。最後に彼女は「いいわ、私が育てるから。三年後を楽しみにしてらっしゃい。

『これが、あなたの子よ』と言って連れていくから」という言葉で彼女と別れた。

その夜遅く、久しぶりに下宿に帰るとすでに玄関の戸に鍵が掛かっていた。十二時過ぎているので、電気は消えている。戸を叩いて起こすのも躊躇した。思案しているときに目にしたのが、梯子だった。私はその梯子をかけて、二階の窓から私の部屋に入った。

翌朝、トイレに行こうと起き上がった。ところが、外から鍵を掛けているので、部屋から出ることができない。開けてくれと叫んでも、部屋の鍵は私の手にある。鍵の掛かっている部屋に、自分から入ったのであるから全くバカげた話。「バッカだなァ」と呟いた。

しかし、小便は漏れそうで我慢の限界だった。窓を開けて放出するのも一つの方法だが、家主に雨と間違えられても困る。そこで、床の間にあった花瓶に入れることを思いたった。だが、小便は花瓶だけでは納まらなかった。部屋にあった釜飯の丼から、入れ物には全部入れた。そして、ソッと昨夜の梯子から降りてことなきを得た。

その後、彼女が「妊娠した」というのは、誤りであったことを聞かされる。誤診だったのか、彼女が私を試そうとしたのかは分からない。

しかし、遊ぶ方は相変わらずつづいていた。ところが、何処でうつされたのか、私は性病にかかったのである。淋病だった。病院通いとなる。

当時、ペニシリンは高価だった。そこで、恩給局にいる友人から保険証を借りての病院通いとなった。

そのとき、銀座の路上で偶然会ったのが、かつて恩給局に勤めていた高島和子である。彼女も恩給局を退職して、経理事務所に勤めていた。

「お久し振りね。何処にいらっしゃるの？」

「うん、ちょっと病院に……」

「あら、どこが悪いの？」

まさか、淋病だとは言えない。

「うん、ちょっと……」と、口を濁して去った。

彼女は真面目を絵に書いたような女性だった。私はかつての組合活動を思い出し、自堕落な生活を反省したのはこのときで、遊びに終止符を打った。

淋病が完治した後、彼女との交際がはじまった。そして、高島和子と結婚した。仲人は多胡に頼んで、式は東京大神宮で行った。

そして、生活も安定させようと、契約社員ではなく正社員にして欲しいと多胡に願い出た。するとすぐ社員にしてくれるおおらかな時代であった。

一九五九年は、史上まれな好景気に見舞われ、「岩戸景気」と名付けられた。

オートスライドプロダクションも例外ではなかった。これまでになかった産業視聴覚教育の手段として普及し、機材の製造販売、フィルムプロダクションの両面で成長した。

ソニーは、ソニー商事と同じように映写機の販売ルートを全国につくるため、ソニー商事の東京支店長を送り込んできた。資金は全面的にソニーが保証し、不足資金はいつでも銀行から借りられる状態だった。

結婚して数カ月後、出社するとき「夕方から雨になるそうよ」と傘を妻から渡された。その言葉通り、退社間近になると雨が降りだした。

しかし、私には傘がなかった。というのは、退社間近に同僚に貸したのである。自らすすんで貸したというのではない。すぐに戻ってくるからといって、同僚が持ち出したのである。ところが、その同僚から会社には戻らないという電話が入ったのである。傘をもたずに、ずぶ濡れになって帰った私を見て、妻は驚いた。

「どうしたのよ傘は――ちゃんと持たしてあげたでしょうが」と言う。

私は退社間近になって、同僚に傘を貸したことを妻に話した。このとき返ってきた言葉が「バカねぇ」だったのである。

「早く、着替えなさいよ」

妻は声だけ残して、私の脱いだ背広を持って隣の六畳間に姿を消した。着替えの肌着を持ってきてくれるものとばかり思っていた私は、半裸の状態で突っ立っていた。しかし、一向にシャツを持って来ない。

「おーい、シャツ出してくれよ」と言った私に、「自分で出してよ」という言葉だけが返ってきた。妻は六畳間で背広の上着をひろげてタオルをあてがい、しみ込んだ雨を吸い取るのに懸命なのだ。生身の身体より背広の方が大切なのか――と、厭味の一つも言いたいところだったが、「ハクション」と、演技の一つで我慢した。すると、「バッカねぇ、風邪ひくわよ」と言ったのである。その日は「バッカねぇ」の二連発。しかし、このように言わしめた原因は、勿論この私にある。

私はもともと、後のことを考えない性格である。ショーウインドウのネクタイが目にとまると、懐に金があると買ってしまう。金があると、友達にも奢る。見栄っぱりというのではない。何故なら、古い背広をいつまでも着ているからだ。それを見かねた妻は、「背広買ってらっしゃいよ。五万円もあれば買えるでしょう」と渡された金を、一晩で飲み代で遣い果たしたことがある。そのときは、たまたま大学の時の友人に会って、その友人が銀座で飲もうといったのだから、私一人で飲み代を払う必要はなかったのだ。何故、私が払ったのか、私自身に説明できないのだから、他人に説明できるわけがない。強いて言えば、酒が入っていて気が大きくなったとしか言いようがない。さすがの私も、妻に飲み代に消えたとは言えなかった。普段から、あの店は他の店より大根は十円安いとか、卵は五円安いと言っているからだ。五万円が一晩で消えたなんて聞くと、腰を抜かすに違いない。

背広を購入しない私に、「どうしたの背広は――」と聞かれた。そのとき、「あの金は友人に貸して、まだ戻ってこないんだ」という以外になかった。

しかし、結婚してからは以前のように外で飲まなくなり、休みの日には売れる当てもないシナリオを書いていた。書き上げたシナリオはシナリオ作家の登竜門といわれるシナリオ作家協会が主催するコンクールに応募していた。だが、自信をもって応募したシナリオが落選すると、私にはシナリオを書く能力がないのではないかと思い始める。どこが悪いのかは分からない。そこで、プロ作家への持ち込みを決意する。

会社には、映画のシナリオを書いているライターも出入りしていたが、どうせ持ち込むならと、「ひめゆりの塔」（監督・今井正）や「純愛物語」（監督・今井正）を観て好きになった水木洋子を訪ねた。持ち込んだシナリオは、「沈黙の共犯者」と題した、政治家の汚職に暴力団の殺人事件が絡む話で、沈黙している国民も共犯者であるというのがテーマである。

水木洋子は不在で会うことは出来なかったが、一カ月後、〈読んだから都合のいいとき、取りにくるように――〉という葉書が届いた。すぐに、水木邸に向かったのは勿論である。そのときも水木洋子は不在で、原稿には分厚い手紙が添えられていて、作品の良い点と足りない点が書かれていた。

良い点は、構成が緻密でしっかりしていること。台詞が比較的無理なく、簡潔であること。着眼点がよいことなどがあげられ、〈これだけ書きこなせたら、殆ど一人前の作家として通用すると思いますので、この調子でしっかり精進して下さい〉と書かれていた。私は飛び上がって喜んだ。

なにはともあれ、私は自信を持ってシナリオを書きつづけることにした。そして、次の作品を書き上げて、再び水木洋子の自宅に持ち込んだ。その作品は「教室行進曲」という題名で、淡い恋も含めた高校生の群像を描いたものである。

その原稿にも前回同様、分厚い手紙が挟まれていて、これから学ぶべき点が列挙されていた。その一カ月後、先生から〈――四、五人で会をやるつもりだが、夜働いている人もいるので、日曜が駄目なら至急お知らせ下さい〉という葉書が届いた。私が駄目であろうはずがない。すぐに返事を出したが、駄目な方もいたのだろう、会は開かれなかった。

このとき、水木洋子こそ私の師匠だ、と勝手に決め込んだ。決め込むと三作目を持ち込めなくなった。何故なら、弟子は師匠の清書とか鉛筆削りとかの下働きこそすれ、無駄な時間を浪費させてはいけないからだ。私のシナリオを読んだあと、批評する時間を加えると一日、いや手紙を書いた時間を加えるとそれ以上の時間を浪費させたことになる。私は申し訳ないことをした、と謝罪したい気持ちで一杯だった。

それから、私のシナリオの習作の場は、シナリオライターを目指して切磋琢磨していた「おりじなる」同人に移っていった。

3 「バカ」の一徹

「おりじなる」同人は、東京、新宿、横浜の三つの部会に別れて会合を持ち、各人が書いたシナリオを持ち寄って検討した作品を、部会から推薦された六名の審査員によって同人誌に掲載する作品を決めていた。発行した「おりじなる」誌は、映画会社の企画部やプロデューサー、監督に送付していた。

当時、新人のシナリオが映画化されるコースは、シナリオ作家協会が行っていたコンクールに入選することが一つの手段であったが、同人誌を読んで「この人は、書けそうだ」と思われると、声がかかったのである。そうした様子を、中島丈博は「シナリオ無頼」（中央公論新社）で、次のように書いている。

昭和三六（一九六一）年、同人誌「おりじなる」に掲載した『ある朝、眼を覚ましたとき』という青春物が日活の企画部員の目に留まり、私は調布の撮影所に呼ばれた。

東宝映画『南の風と波』が封切られて、脚本家として初めて私のタイトルが橋本先生と並んで出たことも、勿論、企画部員は知っていた。

（中　略）

「何か一本、うちで書いてみない」

ということで、プロデューサーの坂上静翁氏を紹介された。早速、雑誌『日本』に連載されている石原慎太郎の小説『青い糧』（一九六〇年五月号〜六一年二月号）を脚本にするようと注文される。

私の場合は、「おりじなる」誌を読んでいた日活の企画部員から、「何か、面白い企画があったら出して欲しい」と声を掛けられた。そこで早速、米軍基地を舞台にした『夕日とドラム』というプロットを提出した。

月賦でダンプを買い入れ、一匹狼の運び屋である純一は、一年間に五回もアパートを変わった。というより、ドラムの練習で追い出されたといった方が正しい。ところが、いくらドラムを叩いてもいいという一軒家があった。その空き家は基地の街、爆音に耐えきれずに引っ越していったからである。ある夜、純一が寝ていると玄関の開く音。つづいて、「カムイン」と女の声。空き家と思って、入ってきたのだ。純一は、人が住んでいることを知らせようと、咄嗟《とっさ》にドラムを叩く。驚いて逃げたのは女で、後から入って来た黒人はその場でうずくまる。彼には、ドラムが機関銃のように聞こえたのである。というのも、彼はベトナムからの帰還兵であった。それから、純一と黒人兵の交流がはじまる。

〈企画意図〉には、〈ひたすらドラムを愛し、ドラムに生き甲斐を覚える一匹狼のダンプ運転手。彼に音楽が何であるかを教えてくれた、黒人音楽家との心の触れ合いや若者たちとの哀歓の交流を通して、より現代的で明るい生活感に溢れた、ユニークな現代の若者の青春を描いてみたい〉と書いたが、企画会議では通らなかった。

そこで、今度は高校の時の友人である、毛利恒之原作のテレビ・ドラマ「マブニの石」から、沖縄を舞台にした『遙かなる祖国』と題したプロットを提出した。主人公は、沖縄で熱心な祖国復帰運動者の一人で、渡航証明書がおりないので、本土に密航してくるところからドラマは始まる。

〈企画意図〉は、〈愛しあった青年と娘が、沖縄の現実に引き裂かれ、傷つきながらも生きて、なお愛し合い、ふるさとの沖縄でついに結ばれる現代のひたむきな愛情ドラマを感動的にうたい上げたい〉と書いたが、これも通過しなかった。

水木洋子から貰った手紙に、〈映画会社は、こういう材料を危険視して、なかなか取り上げませんが、遠慮することはないと思います〉と書かれていたのを、「バカ」の一徹で貫き通していたのである。

シナリオを映画化したいという執念が実ったのは、同人の渡辺臣蔵と共同で日活に提出したプロットの「ハイティーンやくざ」である。

ストーリーは、ある街の住宅地に〝やくざ〟の組があって、商店や喫茶店では、つまみ食いされたり、ただ飲みの被害にあったりして嫌な思いをしているが、黙ってやくざの思いのままになっている。あるとき、一人の高校生吉野次郎（川地民夫）がただ飲みしたやくざを追い払う。すると、別な店にやくざが現れると、次郎を呼びに来るようになる。そして、次郎に謝礼を届ける。すると、次郎が金を取って商店の用心棒をしているという噂が流れ、警察に呼ばれると〝ハイティーンやくざ逮捕〟という新聞記事となる。そうすると街の人たちは、冷たい目で次郎をみるようになった。これまでの恨みでチンピラに叩きのめされても、街の人たちは見て見ぬふり――これが、鈴木清順監督で映画化された。このとき、渡辺は松竹の脚本部に所属していたので、彼はペンネームになっている。

シナリオを書くにあたって、私はオートに勤めていたので、勤務が終えてから籠《こ》もっていた旅館に駆けつけていた。

「デイリースポーツ」紙には、《『ハイティーンやくざ』のライターは〝おりじなる〟同人のメンバーで、映画になったのは『ハイティーンやくざ』がはじめてである。この〝おりじなる〃同人は、各種の職業をもつ人の集まりで――〉と紹介されている。
それまでにも、「おりじなる」同人は多くのシナリオライターを映画界に送りだしていた。その「おりじなる」誌が十周年を迎えたのは、第40号である。十年の歴史が編纂され、それぞれの年度の会長がその年を振り返っている。
〈同人が出来てから、もう十年になる。当時二十四歳、紅顔の美少年だった僕も、やや往年の容姿は衰えを見せてきた〉(国弘威雄・昭和34年度)
〈同人結成の年に始めてシナリオというものを知った僕にとって、同人の歴史は、そのまま僕の歴史でもある。途中、何度もよろめきながら、現在までどうやら続いている〉(渡辺臣蔵・昭和35年度会長)
〈この年、同人は百二十六名という最盛期を迎えました。しかも、そこには様々な職業の人がいました。医者、サンドウイッチマン、教師、公務員、新聞記者、職を持たない人、そして、シナリオライターになった人――。ですから、書かれる作品も様々でした。しかし、生きていくということ、シナリオを書くということは共通していました〉(奥薗守・昭和37年度会長)
〈――街を歩けば同人であるシナリオライター諸氏の名前が此処彼処の映画館の立て看板に燦然と輝き、我々を恍惚とさせると共に、「俺も一丁やったるぞ!」と、勇気と書く気を

奮い立たせるものでした〉（吉田守・昭和38年度会長）

〈——僕等はこれからも『二十世紀後半の顔』の羽ばたきを身近に聞くだろう。飛べ、鳥よ！　今や政治は嘘をつく技術に長け、生活は盗まれ、肉体は植物のように涙を流す。真実が宝石のような顔をしている時代は去ったのだろうか。飛んでみよう小鳥たち、僕らのさえずりで天空のひびきを創るのだ。そして、亀裂に嘴を入れ、遠い宇宙の雨垂れを地上に降らそう〉（芦沢弘志・昭和39年度会長）

〈——私たちの描いた人間像が、同人誌からスクリーンに飛び込み、そしてスクリーンから飛び出して、日本を闊歩するであろうことを信じています。決して夢だと思いません。それは、いま、同人誌を発行し続けているからです。しかも、その途上にあるからです〉（奥薗守・昭和40年度会長）

私が〈スクリーンから飛び出して、日本を闊歩するであろう——〉と書いたのは、フォルスタッフを連想してのことである。フォルスタッフは、シェイクスピアの作品に登場する架空の人物である。大酒飲みで強欲、狡猾で好色だが限りなくウイットに恵まれている。作家たちの生み出した数多くの劇中人物のなかでも「劇を飛び出して生きている」のは、フォルスタッフとシャイロックと言われている。

それはともあれ、この号の編集責任者は、島内三秀（桂千穂）である。彼の編集後記には

〈この十年——映画産業は繁栄の絶頂へ登りつめ、そして忽ち斜陽に転落しました。その間、私たち同人はそれこそ十年一日、営々と本誌を発行しつづけてきました。十年後、産業形態として映画がどうなっているか全く分かりません。しかし、「おりじなる」が盛大に二十周年記念号を発行し、躍進を重ねていることだけは断言できると思います。映画という表現形式が残っているかぎりシナリオを書きたい、シナリオだけが書きたいという、ある意味でのファナティックな炎だけは、どんな外的制約も消すことができないからです。では二十周年記念号をお楽しみに——(島内)〉で結ばれている。

この「おりじなる」誌は、資金難から46号で終焉を迎えた。しかし、仲間との交流はつづいた。

第一回の集まりは一九八一年十一月、NHKの青山荘で行った。集まったのは三十五名である。第二回も同じ場所で、三年後に行った。それは、中島丈博がモンテカルロ国際テレビ祭最優秀脚本賞を受賞した祝いを兼ねて三十名が集結した。第三回は一九九七年、〝はぁといん乃木坂〟の健保会館で行った。それは、国弘威雄が「私のシナリオ体験」(映人社)を刊行した祝いを兼ねていた。このときの参加者は二十五名であった。欠席者からの通信には、〈腎臓結石発病のため欠席。皆さんによろしく〉とか〈目下、捻挫のリハビリ中、まことに残念!〉、〈目下、自宅病床中……〉、〈私の書いた児童文学が出版され、私の方も仲間が集まってくれますので、残念ながら欠席します〉、〈出席したきは山ほどなれど、身体が弱くなり、市のバリアーを越境する元気がでません。出席したつもりで会費同封させて頂きます。会の成功を祈ります〉など、身体の不調を訴える者が多かった。

その二年後、中島丈博が毎日映画コンクール脚本賞を受賞したので、今度はニュー・トウキョウで行ったが、参加者は十五名で開催の度に減少していった。

だが、こうした集まりに岐阜県可児市から馳せ参じた山崎啓は、〈前略　行って良かった。会えない人もいたけど、それでも良く来てくれたよね。みんなに会えてよかった。二次会三次会がまた良かった。多くを語らずとも和やかで良かった。奥薗さんの事務局を活かして頂けることを願って、そう遠くない日にまた会いたいよね。では、ご機嫌よう〉という葉書を寄越した。

「おりじなる」誌で作品の発表の場を失った私は、市川大吉のペンネームで日本出版社が発行していた「別冊実話読物」にポルノ小説を書き出した。原稿料は安かったが、小説の腕を磨いてくれるのだ。

その成果が現れたのは、一九七七年の「オール読物」推理小説新人賞に応募した「贅沢な女」が、最終候補の五編に残ったことである。

選評で菊村到は、〈「贅沢な女」は炭鉱労働者の生活をよく書き込んであり、描写にも迫力があり、密度の高い小説だが、推理小説としては底が浅い〉。南条範夫は、〈――炭鉱の事情はよく描かれているが、大爆発事故を偶発的なものとせず、本筋にからませた方が面白くなったと思う〉。笹沢左保は、〈読ませる小説であり、その点では決して悪くないのである。ところが、推理小説としてはあまりにも平板すぎる。筆力はあるのだから、これまでにない推理小説を書くということに全力を集中して、今後の創作活動に期待したい〉などであった。

気をよくした私は、江戸川乱歩賞に「終わりなき殺人」を応募した。私が朝鮮で暮らした体験を活かし、戦時中に朝鮮で起きた殺人事件が、戦後日本に引き揚げたあとも影を落として殺人事件が起きる話である。結果は二次予選を通過して、氏名の上に○印のついた十三編には残ったものの、最終候補には至らなかった。しかし、自信をつけたことは確かである。

その時、日本放送作家協会が発行している「放送作家情報」に、栄光出版社の〈推理小説をお持ちの方へ〉という呼びかけがあった。私は題名を「時効なき殺人」に変えて持ち込んだ。

一カ月後、その原稿は戻ってきた。

前略
「時効なき殺人」の原稿を同封させていただきます。タイトルから考えられることですが、テーマが古いというところがネックのようです。

現在、このような本格的な良質の推理小説が読まれないのはどうしたことでしょうか。誠に残念です。

今後とも、益々のご活躍をお祈り申し上げます。


テーマが古いということは、戦時中の朝鮮を舞台にしていることだと解し、今度は戦後の炭鉱を舞台にした、「地底の挽歌」という推理小説を書いた。筋は閉山したボタ山から白骨が掘り出される。その身元をめぐって、それまで隠されていた炭鉱爆発の真相が暴かれていく、その過程でまた殺人が起きる。

それを今度は「小説宝石」の「日本ミステリー文学大賞新人賞」に応募した。結果は22編の第1次予選通過作品に残っただけだった。

4 「バカ」でいい

ソニーの前身、東京通信工業のとき資本金百万円で設立したオートスライドプロダクションは、十二年後の一九六五年には、資本金二千万円の会社に成長し、社員も百二十名を擁していた。安保闘争後にできた労働組合は、総評・全国一般に加盟した。「おりじなる」誌が途絶え、シナリオを書かなくなった私は、オートの組合の執行委員となって再び組合活動にのめりこんでいく。深夜までの執行委員会で終電に間に合わず、会社に泊まり込むこともあった。

組合で忙しかったのは、全国一般加盟の仲間の首切りや中小企業を倒産に追い込む画策に抵抗している組合の応援に行っていたのだ。だが、倒産の危機は足元にも及んでいた。

これまで成長、発展してきたオートであったが、競合プロダクションの出現、さらに映写機の競合機種が出始めて、企業間の競争が激しくなる一方、ソニーの経営方針の度重なる変更もあって、銀行借入金も増大していた。そこで、それまでソニーが持っていた株を全株、代表取締役個人に譲渡し、「これ以上、ソニーに負担をかけない」などの条件でオートの経営から身を引いたのである。

一九六八年、経営難となったオートは、会社更生法手続き開始を裁判所に申し立てた。組合は、〈ソニー資本による企業閉鎖を阻止し、全員解雇に反対しよう〉というスローガンを掲げて再建闘争に進むことになった。そこで、ソニー労組、ソニーサービス労組、オートスライド労組はスクラムを組み、ソニー関連企業労働組合共闘会議を結成する。私は共闘会議の事務局長を引き受けた。

ソニー関連企業労働組合共闘会議の活動報告を書くことになったとき、私は皆に読んでもらえるものを書こうと思った。

……
春は　毎年やってくる
だが一九六八年の春は一度だけ
しかも——
それは——
すばらしい　春のまえぶれだった
ソニー関連共闘会議の発会式
ところは　私鉄総連会館
そこで　僕等が手にしたのは
団結という　何よりもまさる武器
それを　さらに強固にするため
僕たちは〝深谷〟にいった
（後　略）

このとき、私は営業部に転じていた。もともと、私はシナリオが書きたくてオートに入ったのである。社員になって数年後、制作部から営業第一課長を命ぜられた。このとき、多胡はすでに会社を辞していた。

会社が更生手続き開始となったのを期に、制作の現場に戻してほしいと願い出ていた。その要望がかなえられ、私は〈制作部制作第四課勤務を命ずる〉との辞令をもらった。

制作部に戻った私は、出社するとビルの地下にある喫茶店に入って、コーヒーを飲むのが日課になった。制作現場の仕事は、一つの作品を受け持たない限り、これといった仕事はない。シナリオを書く場合、喫茶店でも書けるのだ。しかし、営業から見ればサボリとしか見えない。

「制作部に戻った奥薗は、いったい何をやってるんだ」

私に対する非難の声が、背中から聞こえた。誰が言っているのか、詮索する気はなかった。何故、面と向かって言わないのか。信頼しあって、相互批判しながら、働きやすい職場にするため組合で頑張ってきた仲ではないか。これまで、自分では不向きと思われる営業の仕事をしていたのも、仲間との繋がりがあればこそだった。

プツンと切れた信頼の糸。会社の仕事に未練はなかった。私はオートを辞めて、赤坂にある僅か四名の会社に入った。その会社は、大手の広告代理店からCMなどの下請けをしている会社で、仕事をするスタッフはその都度、フリーの人たちを集めて制作していた。社員四名のうち、一名は私と同じ時期に辞め、その会社に入ることを勧めた友人だった。

その会社でも、私の態度は変わらない。営業に出歩かない私に、私を誘った友人の陰口を耳にする。陰口は職場を暗くする。躊躇することなく、その会社からも去った。

そして、「おりじなる」同人の仲間が立ち上げたマルヨンプロダクションの設立に参加する。会社の事業は、映画・ビデオ・オートスライドの企画制作、さらに出版も事業内容にして、制作スタッフには、同人の国弘威雄や中島丈博も名を連ねた。

これまで、書きたいものを書いていた私である。しかし、書いたものを発表する場がない。そこで、今度は作りたいものを作って皆に観て貰おうと、オートスライドやビデオをつくりはじめた。最初に制作したのが、恩給局で組合ができるまでを描いた「青春」である。完成後、これを恩給局のOB会で上映した。

次いで、大牟田在住の写真家である宮川光義が撮った、肥後琵琶と共に生きた山鹿良之夫妻の生活記録とKBCから放送されたラジオ・ドラマ、山鹿良之の「語り死にしたかぁ」（脚本・毛利恒之）を合体させて、「肥後琵琶―山鹿良之夫妻の生活記録―」を制作した。

西日本新聞には、〈――作品は、民俗芸能資料としての価値だけでなく、障害を克服しながら老いを生き抜く人間讃歌の作品として評価を受け、文部省選定となった〉という記事が掲載され、大牟田文化会館で上映された。

ビデオを無料で制作することもあった。栃木県のある高校に取材に行ったとき、先生が「生徒たちが、ことあるごとにビデオを撮ってますが、編集が出来ないのでテープが溜まる一方なんです」と言うと、「編集してあげますよ」と気軽に引き受ける。身体障害者の作業所に取材に行ったときも、ハワイでのツアーを写したビデオテープがあるが、編集できないのでそのままにしていると聞けば、これも「編集してあげますよ」と言って、〈呟きが、跳ねて、飛んだ〉のタイトルを付けて渡した。そのビデオの上映を砂町文化センターで行ったとき、障害者の方が作業所で編んでくれたマフラーとセーターが私に贈られた。そのマフラーは現在も愛用している。

「金のために仕事をしないこと。算盤が合わなくても、やりたいと思ったら損得抜きで引き受ける。そして、充分に月日をかけ、その間の生活費が仕事のために食い込むことになっても、心ゆくまで頑張り通す」水木洋子の言葉を実践していたのである。

仕事の方はマイペースだが、徐々に増えていった。というのも、スポンサーの担当者が別のスポンサーを紹介してくれるのだ。といって、すべてがスムースに運ぶわけではない。担当者の段階で、「シナリオよく書けてますね、趣旨をよく汲み取ってくれてます」と言われたシナリオが部長の一声で直しになることがある。そのようなとき、私は「ライターは『的』に向かって書いていくのです。矢を放ってから、『的』を動かしたのでは、矢は当たるはずがありません。矢を放つ前に言って下さい。二本のシナリオを書くことになるのです。原稿料は二本分払って頂けますか。払って頂けるのなら新たに書きます」と言って、その直しには応じなかった。しかし、相手は未完のものに金は払えないという。そのようなときは、私の所属している日本放送作家協会に訴え、代理人を立てて決着をつけていた。

オートを辞めて二年経過した。しかし、退職金は払って貰えなかった。会社には次々と辞めていく退職者に支払う金がなかったのである。

だが、再建へ向けて新しい組織を確立したオートでは、新たに重役室を作ったという情報が私の耳に入った。退職金規定では、〈——労働債を優先して支払う〉との条項がある。まず、退職金を支払うべきだと思った私は、管財人室を訪ねた。そこには、大堀常務と総務部長がいた。

そこで、私は単刀直入、管財人に「重役室を作ったと聞きましたが、そういうお金があるなら、どうして退職金を払わないのですか」と聞いた。すると、常務が「どんな重役室か、みれば分かるだろう」と横から口を出した。つまり、粗末な重役室ということを言いたかったのだろう。私は重役室を見に来たのではない。立派であろうが、粗末であろうが、ただでは出来ない。私は、まずその姿勢を問題にしたのだ。

管財人は現状を話しはじめた。現状を聞かされても、私にはどうすることもできない。「そんなこと、今の私には関係ないことです」と言ったとき、常務は「管財人の言うことを聞け！」と恫喝した。

管財人の前での忠誠心はいいとしても、ヤクザもどきの恫喝が会社を辞めた人間に通じると思っている、この男の哀れさ。かつては「統一と団結」を叫び、タスキを掛けてデモ行進の先頭を歩いていた男である。それがいまや仲間を敵に追いやる、自己保身に徹していた。ここで、私は会社を相手に闘うことを決意する。このことを友人に話したとき、「バカなことをするなよ。昔の仲間もいるじゃないか」と言われたのである。「バカだからこそ、バカなことをするんだ」と、私はオートスライドに「退職金を直ちに支払うよう」まず要請文を出した。

昭和四十四年、オートスライドプロダクションが会社更生法の適用を受けて以来、五年の歳月が経ちました。以来、私たちは働く仲間が苦しい再建闘争に取り組んでいることを充分承知していました。ですから、退職金は私たちの権利だと知りつつも退職金をすぐに取らないことが、再建闘争のささやかな参画であると殆どの人が思っていました。

（中略）

あなた方は、裁判を起こさずにじっと待っていた人たちの気持ちを踏みにじり、退職金を支払わないのが当然であるかのように居直っている態度に、私たちは激しい義憤を感じます。そうしたあなた方の態度は、労働者の生活と権利を守る闘いに対する挑戦であると断じざるを得ません。

そして、元組合員の退職者に、三点についてアンケートをとった。その三点とは、①会社が出すまで待っている。②裁判に持ち込みたい。③退職金はいらない。というものであった。私が驚いたのは、アンケートの結果ではない。往復葉書の殆どが「移転先不明」とか「宛て先に尋ねあたりません」という赤スタンプが押されて返送されてきたことである。改めて、過ぎ去った歳月を思わざるを得なかった。

返信の葉書には、〈もう何年にもなるので、ケリをつけた方がよいと思います。でも、裁判をした方だけに支払うというやり方には反対です〉とか、〈すでに、分割で貰っている人もいると聞きました。会社の状況を考えて、会社が出すまで待っている人は、いつになったら貰えるのかと、裁判に持ち込みたい気持ちになります〉、〈ご苦労様でございます。女性は家庭に入るとなかなか外出できず、何度か会合の通知を頂いたにも関わらず、出席できなかったことをとても残念に思っています。決して、退職金を諦めたわけではありません。お友達とも時々、どうしたら退職金を払って貰えるか電話で話しているのです。私は②になりますので、これからもよろしくお願いします〉、〈もしも、オートが良くなる方向で、現在このような手をうっていると、何らかの現状報告でもあれば、それを支援しようと以前は考えていました。しかし、何の報告もありません。退職した者は、オート再建の敵ともいうべきオートの指導者の考えかたには、いまや憤りを感じます。良識ある指導者ならばと思いますが……〉と書かれているのもあった。

アンケートの結果は、すでに分割で貰っている者、二名。待つという者、三名。裁判を起こしたいという者、十三名であった。そこで、東京合同法律事務所にいる中央大学にいたときの友人に依頼して、退職者十三名で訴訟に踏み切った。

友人には、「バカなことをするなよ」と言われたが、一九七六年、〈債務弁済契約公正証書〉を交わし、その履行を怠ったときは、直ちに強制執行を受けても異存のない旨を承諾させた。

私がヒューマンライフ・シネマの同人となったのは、一九九〇年である。ここで制作し、私が演出した一五四コマのオートスライド『花売りおばあちゃん』は、「優秀映像教材選奨」（日本視聴覚教育協会、朝日新聞など後援）のスライド部門で最優秀作品に選ばれた。リヤカーを引きながら花を売る「おばあちゃん」を曾孫の少年の目を通して描いたもので、おばあちゃんの役を桜むつ子が演じた。さらに、翌年も一四二コマの『もやいの心』が最優秀作品、文部大臣賞になった。

私が師と仰いだ水木洋子の生誕100年には、〈水木洋子が書いた心に響く名作映画〉のDVDを制作、そのシナリオを担当した。

彼女は、心に残る映画のシナリオの他、多くのエッセイや言葉を残している。

「日本の国土防衛のために再軍備が必要だという説は、一応最もらしく聞こえるが、国土の目ぼしい重要地点を他国の基地に使われていて、何が国土防衛なのか、何が独立なのであろうか」

「戦争の体験のない者は勿論、ある者たちも、野蛮な暴力や殺しあいに参加しない勇気をもち、基本的な人間性を失うまいという信念で戦う。これが本当の勇気ではないか」

「民衆の悲劇は、謀略と政治力にいつも踊らされて、自分の意志や自分の観察がしらないうちにスリ変えられてしまうところに発生する」

「戦争は、もうほとほと沢山だ！　あの苦しみを忘れかけている人々にもう一度、当時の反省と自戒を切実に感じて、今度こそ二度とああした不幸は、みんなの手で未然に防ぎ止めなければ……」と。

今、「戦争は、もうほとほと沢山だ！」と、多くの人たちが至る所で懸命の努力をしている。〈九条の会〉もその一つである。

〈九条の会〉は、二〇〇四年に「憲法九条を守るために」のアピールを井上ひさし、梅原猛、大江健三郎、奥平康弘、小田実、加藤周一、澤地久枝、鶴見俊輔、三木睦子の九人が「日本と世界の平和の未来のために、日本国憲法第九条を守るという一点で手をつなぎ、『改憲』の企てを阻むため一人ひとりが出来る、あらゆる努力を」というアピールを発したことによって始まったものである。

〈九条の会市川〉では、毎月9日に駅頭で宣伝活動をしている。私もときおり出掛けて、宣伝ビラを配付する。あるとき、年配の男が「バカ野郎」の捨て台詞を浴びせて通り過ぎた。私はニッコリ笑って見送った。

第五章　「バカ」と「憲法」

1　「バカ」の支え

かつて、「二十代でマルクスにカブレないのは馬鹿、四十過ぎてもまだしがみついているのは、もっと馬鹿」と、言われた。

私は八十四歳。二十代から、四十を過ぎ、八十代になってもしがみついているのは、マルクスではなく日本国憲法である。

恩給局の組合結成日の早朝、〝組合に結集しよう〟と書いたビラを貼っている私に、「お前は、何をやっている！」と怒鳴った課長に、「憲法に保障されたことをやってます」と答えた私である。あの日から日々を楽しく、言いたいことをいい、思いのまま過ごせたのは憲法のお陰である。憲法に支えられていたといっても過言ではない。

改憲論者は、よく「憲法は古くなったので現状に合わない」と口にする。しかし、古くなって、ますます光り輝いてくるのが我が国の憲法だと、私は思っている。

現状に合わないという意見に対し、姜尚中は「憲法を現状に合わせる必要はない」と言う。

改憲論者のなかには、憲法には実体的な価値がなければならない、とする意見があります。例えば、憲法の前文には国の伝統とか文化、愛国心などがないから、それらを書き込むべきだという議論があります。そもそも、憲法には、個別具体的な価値の実体に口を挟む義務などないのです。あくまでも、人民から権力を受託した側が、それを恣意的に行使できないように制約を課すものであって、その考えのもとに立憲主義は成立しているのです。(『姜尚中の政治学入門』集英社新書)

また、「押しつけられた憲法」だから、自主憲法を——という。「押しつけであろうとなかろうと、いいものであるなら、いいじゃないか」と言ったのが、加藤周一である。花森安治も、どのような憲法であろうが、「よければ、それでよい」と言う。

花森安治の「灯をともす言葉」(河出書房)のなかに、〈ぼくは、じぶんの国が/こんなすばらしい憲法をもっていることを/誇りにしている/あんなものは、押しつけられたものだ/画にかいた餅だ、たんなる理想だ、という人がいる/だれが草案を作ったって/よければ、それでいいではないか/理想なら、全力をあげて/世界に向かって、武器を捨てよう/ということができるのは、日本だけである〉と。

日本国憲法第九条には、〈日本国民は、正義と秩序を基調とする国際平和を誠実に希求し、国権の発動たる戦争と、武力による威嚇又は武力の行使は、国際紛争を解決する手段としては、永久にこれを放棄する〉と、書かれている。

「武力による威嚇」または「武力の行使」という概念は、正規の宣戦布告をしないで、満州事変とか支那事変とかいって日本は戦争をしていたので、とにかく武力を行使すれば、戦争ですよということである。この九条があればこそ、朝鮮戦争でもベトナム戦争のときも、日本はアメリカに手を貸すことが出来なかった。

そこで、一九九一年の湾岸戦争のとき、日本は総額百三十五億ドルというお金を戦費として支出した。日本円に換算すると一兆七千億円以上である。この湾岸戦争では、ヨルダン赤十字の推定によると十一万二千人が死んだと伝えられている。しかも、その内の六割が子供だという。このとき、日本は「血と汗を流さない」とアメリカに批判された。こういうときこそ、「あなたの国が押しつけた憲法があるので……」と言えばよいのだ。

この「押しつけられた」を逆手にとっているのが中山治である。彼の著書「誇りを持って戦争から逃げろ！」（ちくま新書）には——

幸い日本には、アメリカが押しつけた戦争放棄の憲法がある。専守防衛の自衛隊もいる。「平和への祈り」が専門の天皇陛下もいる。お坊さんになる条件はそろっているのだ。武装中立国なら自衛隊員も失業せずに済むし、海外に引きずり出されなくても済む。

ところが、近年はお坊さんになるのではなく、また再び色気を出してリングに上がろうとするのだからあきれてものが言えない。


と。リングに上がることに声援を送っているのはアメリカである。その声援に応えるべく、日本の政府は、自衛隊派遣を可能にするイラク復興支援特別措置法を成立させて、とうとうリングに上がった。

時の小泉首相は国会で、「戦闘地域と非戦闘地域の仕分けは可能である」と、全く根拠のない答弁を繰り返した。現実は、仕分けなど不可能なのである

イラク戦争で最悪なことのひとつが、明確な前線というものがなかったことだ。三百六十度のあらゆる場所が戦場だった。進むべき前線もなければ、軍服姿の敵もおらず、予想できるパターンもなければ安心できる場所もなかった。兵士の中に頭がおかしくなる者が出たのはそのせいだった。

(デイヴィッド・フィンケル著、古屋美登里訳「帰還兵はなぜ自殺するのか」亜紀書房)

政府が法案の成立を急いでいるとき、「憲法という基本を変えず、自衛隊をずるずる使うのはおかしい」と、苛立ちを隠さなかったのが元副総理後藤田正晴である。

後藤田は語気をつよめた。

「あそこが戦闘地域であることは当たり前じゃないか。戦闘地域になっているじゃないか。イラクという国全体が。戦闘地域には入りません、武力行使はしませんと。小泉君は戦争経験ないわな。それから勉強していない人だわな。戦闘地域とはなんぞや。武力行使とはなんぞや。頭の中で理解できていない。僕ら戦いをやった人間から見るとね」

（共同通信社憲法取材班『「改憲」の系譜　9条と日米同盟の現場』新潮社）

後藤田は、自衛隊の海外派遣には頑として首を縦に振らなかった。外務省審議官だった栗山尚一が後藤田に自衛隊の出動を訴えたとき、交戦海域で自衛のために反撃すれば戦争になると取り合わなかった。だが、なおも食い下がる栗山に「どうしてもと言うなら、やってみなさい。おれ一人でつぶすから」と言ったという。

しかし、反対していた後藤田はこの世を去った。当時、後藤田は小泉首相のことを「小泉君は戦争経験ないわな。それから勉強していない人だわな」と言った。この言葉は、安倍首相にも当てはまる。

それは、参議院予算委員会で民主党の小西洋之議員が「安倍総理、芦部信喜という憲法学者をご存じですか?」と質問したときである。

安倍首相は「私は存じあげておりません」と答えた。「では高橋和之さん。あるいは佐藤幸治さんという憲法学者はご存じですか?」の問いに、「まあ申し上げます。私は余り憲法学者の権威ではございませんので、学生であった事もございませんので存じ上げておりません」、「憲法学を勉強されない方が憲法改正を唱えるというのは私には信じられない事なんですけれども。いま、私が挙げた三人は憲法を学ぶ学生だったら誰でも知ってる日本の戦後の憲法の通説的な学者です」と小西議員が言う。

芦部信喜という憲法学者は、日本国憲法の通説的解釈を形作る上で極めて重要な仕事をした学者で、憲法学界の大家である。

このことに対して、想田和弘は、〈小西議員とのやりとりは、そういう責任ある立場の安倍氏が、憲法学の基本を勉強せずに改憲論を振りかざし、一連の悪辣な書き換えを企てていることを白日の下に晒してしまった事件として、驚きとともに記憶されるべきなのです〉(「世界」二〇一三年六月号)と記している。そして、「わたしが知らない芦部信喜を首相が知らないことは、別に非難するには及ばない」という方に対して、それは「みんな無知でいようぜ、楽だから」というメッセージだと著者は言う。さらに、〈そう望む人が、改憲を進める安倍氏が憲法学を勉強していない事実に接しても、交代させようとしないのは当然です。幼稚な維新の会が五四議席も獲得するのを眺めて、「庶民の味方が増えた」と喜ばしく感じても不思議ではありません〉と述べている。

いま、自民党内に長老や戦争体験者がいなくなった安倍政権はやりたい放題、勝手に憲法を解釈して、集団的自衛権の行使にまっしぐら――。これは、日本とは全然関係のないところへ自衛隊が行って、他国と一緒に軍事行動が出来ることなのだ。このことと「日本の安全」がどう結びつくのか、バカな私には全く分からない。

いずれにしろ、集団的自衛権の名称は、戦争をする国の免罪符である。アメリカのベトナム戦争は、南ベトナムとの集団的自衛権の名目のもとに行われた。

アメリカのニカラグア干渉（一九八一年〜）やグレナダ侵攻（一九八三年）の口実も、集団的自衛権の行使あるいは在外自国民保護だった（前者は国際司法裁判所によって国際法違反と認定され、後者は国連総会の決議によって強く非難された）。湾岸戦争後のブッシュ前大統領暗殺未遂事件（一九九三年）の際には、すでに容疑者が逮捕されていたにもかかわらず、アメリカは自衛権の名のもとにイラクを爆撃した。ケニアとタンザニアのアメリカ大使館爆破事件（一九九八年）の際にも、アメリカは自衛権の名のもとにスーダンとアフガニスタンを爆撃した。同時多発テロ事件後のアフガン戦争（二〇〇一年）は、米英が個別的・集団的自衛権を発動して始まった。

（松元雅和著「平和主義とは何か」中公新書）

そして、〈戦後の国際関係の歴史は、自称「自衛戦争」のリストで満ちあふれている〉と書かれている。

森達也も「すべての戦争は自衛意識から始まる」という。

人は自衛を大義にしながら人を殺す。武器を持っていては過剰防衛になりやすい。ならば武器を捨てよう。この国は七〇年前にそう決意した。自衛はもちろんできる。でも、武器を使った自衛はしない。ご近所はほとんど銃を持っている。だからこそ我が家は銃を捨てる。きっといつかはご近所も銃を手放すはずだ。怖いけれどその先陣となる。だって現実には、誤射や乱射や過剰防衛のほうが、銃で脅されることよりはるかに多いのだから。（森達也著「すべての戦争は自衛意識から始まる『自分の国は血を流してでも守

れ』と叫ぶ人に訊きたい」ダイヤモンド社）

半田滋は著書「日本は戦争をするのか――集団的自衛権と自衛隊」（岩波新書）で〈日本は戦争をするだろうか。安倍晋三政権が長く続けば続くほど、その可能性は高まるといわざるを得ない。憲法九条を空文化することにより、自衛隊が国内外で武力行使する道筋がつけられるからである〉と。

内田博文も〈戦時体制が着々と下準備されつつあることは明らかであろう。第三次安倍内閣の改造後の目玉政策とされる「一億総活躍社会の実現」についても国家総動員の発想が強いと指摘されている〉（内田博文著「刑法と戦争　戦時治安法制のつくり方」みすず書房）と、書いている。

2　「バカ」の味方

安倍晋三は、よく「強い日本を取り戻す」という。それは、戦前の大日本帝国のことを想定してのことだろう。それを端的に示しているのが、自民党の「日本国憲法改正草案」である。私のような「バカ」が読んでも分かる復古調である。

まず、〈第一条　天皇は、日本国の元首であり――〉と書かれている。これこそ、大日本帝国憲法の第四条に〈天皇ハ国ノ元首ニシテ――〉とあったものを、パクッてきたものではないのか。

さらに、これまで明記されていた第九条二項、〈陸海空軍その他の戦力は、これを保持しない。国の交戦権はこれを認めない〉は削除され、〈我が国の平和と独立並びに国及び国民の安全を確保するために、内閣総理大臣を最高指揮官とする国防軍を保持する〉が新設された。国及び国民の安全を確保するための、国防軍だという。かつて、国及び国民の安全を確保するために軍隊があった。国の守りは引き受けた、という歌まであった。

赤塚不二夫と永井憲一が対談している絵本のなかに――

赤塚　――くやしいのは、終戦になって、民間人のぼくたちは、軍隊が守ってくれるところか置き去りにされたことですよ。最初に逃げたのが軍隊だった。

永井　沖縄戦でも、そうだった。アメリカ軍が上陸すると、はじめから軍隊は山の上に逃げていて、民衆を前衛に立たせたらしい。

赤塚　そういう目にあっているから、いくら政府が自衛のための軍隊だ、なんて説明しても、ぼくらを守ってくれるものじゃないって、てんで信用しないの。

『日本国憲法』なのだ！」（草土文化）

サイパン島でも、沖縄と同じようなことが起きている。

米軍が上陸したとき、サイパンには約二万人前後の一般邦人が残っていたといわれる。いまや、これら日本本国から見捨てられた民間人たちも将兵とともにタッポーチョ山にたてこもっていたが、そのタッポーチョ山も二十六日の夕方、米軍に占領されてしまった。（平塚柾緒著「玉砕の島々」洋泉社）

民間人は、ついに北端のマッピ岬に追い詰められ、海に飛び込むか捕虜になるかの二つに一つしかなかったのである。

軍隊の本質は、時代を経ても変わっていない。変わってきたのは、武器の殺生能力が高まっていることだ。

そして、草案には、〈国防軍の組織、統制及び機密の保持に関する事項は、法律で定める〉としている。その法律というのは、「防衛」「外交」など四分野の〈特定秘密保護法案〉で、違反者には最高懲役10年を科している。これと同じような法案は、中曾根政権下の一九八六年「国会機密法（スパイ防止法）案」として国会に提出された。これを後押ししたのが岸信介であるが、世論の反対を受け廃案になった。

その翌年には、岸信介が死去し、中曾根首相も退陣して再提出することがなかった。それが、再登板してきたのである。しかもそこには、〈国防軍に審判所を置く〉となっているが、これは一八八二年に設けられた軍法会議の再現である。この軍法会議で殺された兵士もいた。

一九四五年（昭和二〇）二月のフィリピン。米軍から激しい攻撃を受けた日本軍の部隊が、ルソン島北部にある山岳地帯に追い込まれ、食糧も弾薬も底をついたため、兵士たちが飢えや病気で苦しんでいた。こうした中、悲劇が起きた。中田富太郎という二三歳の海軍の上等機関兵が、食糧を求めて周辺をさまよい、部隊を離れたため、「逃亡罪」の容疑で逮捕された。「軍法会議」と呼ばれる軍の法廷が屋外で開かれ、裁判官を務めた上官たちが、中田に死刑判決を下す。そして、銃殺刑によって若い命が失われた。

（NHK取材班／北博昭著「戦場の軍法会議―日本兵はなぜ処刑されたのか」NHK出版）

九条の三項では、〈国は、主権と独立を守るため、国民と協力して、領土、領海及び領空を保全し、その資源を確保しなければならない〉と明記している。〈保全〉とは、保護して安全にすることである。戦時中、国は国民と協力して保全につとめた。「欲しがりません勝つまでは」を合言葉に子供は学童疎開。大学生は、学業を捨てて戦場へ。婦人も軍装に身を固めて国土防衛に当たった。しかし、国土は焦土と化したのである。ここに書かれている〈協力〉は、そらぞらしく恐ろしい。

恐ろしい条項は、さらに〈表現の自由〉にも及ぶ。現憲法では、〈第二一条　集会、結社及び言論、出版その他一切の表現の自由は、これを保障する〉を、改憲草案ではご丁寧にも、〈前項の規定にかかわらず、公益及び公の秩序を害することを目的とした活動を行い、並びにそれを目的として結社することは、認められない〉の二項が追加された。これは、大日本帝国憲法の第二九条〈日本臣民ハ法律ノ範囲内ニ於テ言論著作印行集会及結社ノ自由ヲ有ス〉とあったが、映画法や治安警察法、そして治安維持法によって言論の自由・表現の自由、出版の自由などが厳しく制限されたのが現実である。それは、臣民の権利義務で、〈法律ノ定メル所ニ従イ〉とか〈法律ノ範囲内ニ於テ〉になっていたからだ。

改憲案の驚くべきことは、〈国民は、国家及び国旗を尊重しなければならない〉、〈常に公益及び公の秩序に反してはならない〉、〈……その保全に努めなければならない〉、〈全ての国民は、この憲法を尊重しなければならない〉と、〈ならない〉のオンパレードで、国家権力を縛るものから、国民を縛るものに変身している。そして、第九七条の〈基本的人権の本質〉を削除していることに、改憲案の本質を読み取ることが出来る。

「憲法改悪ハンターイ」と、自称「バカ」が叫んでも、バカが何か叫んでいるということにしかならないだろう。そこで、他の人の本や言葉を借りることにする。

〈9条改正より怖い!? 自民党改正草案の罠〉という帯をつけた新書版が、白川敬裕著の「憲法がヤバい」（ディスカヴァー携書）である。

——直観的にそう感じたのは、自民党の憲法13条の改正草案を目にしたときでした。「個人の尊厳」は、算数の九九のようなもので、憲法学の授業で初めに学習する「憲法の根幹」です。その13条の「個人として」が「人として」に変わっている……。いったい、どういうことなんだろう?

そんな疑念をいだきながら改正草案を見ると、憲法の本質が、「国民の権利・自由を確保すること」から、「国家の形成・成長を確保すること」に変容していました。

基本的人権の内容も、「人間が生まれながらにして持っている権利」から、「共同体の中で生成された権利」に変わっていました。

この13条については、参院予算委員会でも取り上げている。朝日新聞の「天声人語」（2016年3月4日）には――

――▼民主党の大塚耕平氏が自民党の改憲草案を取り上げた。憲法13条は「すべての国民は、個人として尊重される」と定めているが、草案は「個人」を「人」に改めている。このことに何か意味があるのかと大塚氏はただした。首相は「さしたる意味はないという風に承知している」と答えた▼ならばなぜ変えるのかという疑問が浮かぶが、実は意味がないどころではない。草案のこの部分には重大な意味が潜む。今の13条への否定的な評価である▼草案作りに携わった前首相補佐官の礒崎陽輔氏が、自身のホームページに「私見」を書いている。13条は「個人主義を助長してきた嫌いがある」と。公式見解ではないにしても、自民党に根強い発想だろう。

さらに、〈安保法制に反対する学生を若手議員が「利己的」と批判した一件は記憶に新しい。草案にうたわれる「法の秩序」や「家族の尊重」とともに、礒崎氏のいう「自民党の思想」を形作っている〉と。

一方、憲法が変わっても、戦争にならないと思っている人は多いのではないだろうか。高橋哲哉と斎藤貴男編・著の「憲法が変わっても戦争にならないと思っている人のための本」(日本評論社)では、それぞれの項目によって書き手が異なり、質問にこたえるかたちで書きすすめている。

「世界に誇れる憲法ですよ。世界中から、アメリカやヨーロッパの良識人たちからもうらやましがられている」と言って井筒和幸は、〈井筒監督の教えたるわ! 歴史と憲法〉で

改憲すれば、たぶん最後は徴兵制になりますよ。アメリカは志願制だけれど、お金がない家の子たちが軍に就職できるように補助金を出す。大学なども、全部面倒をみる。実質、その子たちには選択の余地がない。朝鮮は徴兵制。見習うべき雛形みたいなものを、アメリカや韓国が持ち合わせているわけだから、真似する可能性はある。

そして、戦争とはどういうものか、元・日本兵の金子安次の体験も掲載されている。

兵隊になったはじめはね、人を殺すったってなかなか殺せないんだよ。訓練を終えて

戦地へ出れば、相手を殺さないとこっちが殺されちゃうから必死になってやるけど、やっぱり、はじめは人を殺すのは怖い。

兵隊というのは、戦うのも兵隊、死んでいくのも兵隊、捕虜になるのも兵隊で、ただの消耗品なんだけど、人を殺せるようにならないと、そもそも戦力にならない。

だからね、初年兵には教育作戦として戦地に出して、「刺突訓練」をさせるんです。捕虜の中国人を木に縛りつけて、その中国人に向かって、「やぁーっ」て声を上げて走って行って、銃剣で突き刺す。はじめは手も身体もぶるぶる震えるし、「俺はできねぇ」ってわんわん泣いちゃう兵隊も出てくる。それでも、一回、二回ってさせてって人を殺す度胸をつけさせるの。その繰り返しのなかでだんだん、慣れてくる。すると、殺すことが逆に面白くなってくる。人を殺せば階級も上がるんだから、競争意識も出てくるでしょ。上からも喜ばれて、日本男児として誇りが出てくる。

女や子供まで殺してしまうのが戦争である。古年兵は、どうせ殺すんだったらと、女を見つけると強姦する。失敗すると村の井戸にぶち込む。

〈そうしたら、子どもっていうのは親がいるところはどんなところでも安心だと思うんだろうね。自分のお袋さんが井戸の中へぶち込まれたものだから、箱みたいなものを踏み台にして、その井戸の中へ泣きながら飛び込んでしまったんだよ。われわれはまさかって、びっくりしてしまった。そして、早く息を引き取らせてやるためにって、手榴弾をその井戸に投げ込んだんです。今もって、私の頭から離れないんですよ、この光景が――〉と回想し、軍隊だけは絶対につくってはならないと強調している。

奥平康弘は、「あえていうが、ぼくは、自民党の憲法改正にかかわる人びとは相当に小児病的であり、現代立憲主義にあまりにも無知であると思う」(「世界」二〇一三年三月号)と言っている。こうした無知は、麻生副総理の「気づかぬうちにナチス憲法に手口を学んだら」との発言にも現れている。これは、ドイツのワイマール憲法を有名無実化したナチス政権下の「全権委任状」を指しているのではないだろうか。この麻生の発言を実現させようとするのが、「国家安全保障基本法」案である。この法案は、自衛隊の海外における武力行使を容認し、武器輸出を解禁する。それは、現行の憲法解釈を変えることができる「魔法の法典」と言われている。

安倍晋三著「美しい国へ」(文春新書)のなかで、特攻隊員について、〈彼らの気持をつぎのように語る人は多い。《かれらは、この戦争に勝てば、日本は平和で豊かな国になると信じた。愛しきもののために――それは、父母であり、兄弟姉妹であり、友人であり、恋人であった。そしてその愛しきものたちが住まう、日本であり、郷土であった。かれらは、それらを守るために出撃していったのだ》わたしもそう思う〉と書いている。

これに対して、田村理は著書「国家は僕らをまもらない」（朝日新書）のなかで、〈「もし戦争になれば、家族をまもるために戦いたい」と思っている人はちょっとだけ考えてみてほしい。自分が特攻隊として出撃すれば、愛しき家族の住む町が空襲にあわなくてすむのだろうか。僕たちが戦場で戦うことと、愛しきものをまもることの関係はとても薄い。憲法9条の非武装平和主義は、あまりに理想主義的で非現実的だとよく言われる。そのとおりだと思う。しかし、それと同じくらい、9条を非現実的だと批判するリアリストたちがしばしば口にする「愛しきものをまもるために戦う」という考え方は非現実的である〉という。そして、〈愛しい人をまもりたいと本気で思うなら、その人の側を離れてはならない〉と。

一方、「軍隊は住民や国民を守るものではないのです」と言い切っているのは、伊藤真である。彼の著書「やっぱり九条が戦争を止めていた」（毎日新聞社）には——


自衛官出身の軍事専門家、潮匡人さんは「軍隊は何を守るのかと言い換えるなら、その答えは国民の生命・財産ではありません。それらを守るのは警察や消防の仕事であって、軍隊の『本来任務』ではないのです」（『常識としての軍事学』中公新書ラクレ）とはっきり指摘しています。これが軍事専門家のいうところの「軍事の常識」なのです。

間違っても、外国が攻めてきたときに、私たち住民、国民を軍隊が守ってくれると考えてはいけません。

そして、著者は〈日本がひとたび正式な軍隊を持てば、国防のため、国際貢献のためという名目で軍隊は拡大の一途をたどるでしょう〉と。

これまで、日本が戦争に加担しなかったのは、九条があればこそ。それだけではない、健康で文化的な最低限度の生活を営む権利を有し、いかなる奴隷的拘束もうけないのである。現憲法こそ、弱き者の味方であり、「バカ」の味方なのである。「なぜ、憲法を変えなければいけないのか」という、頑固で「バカ」な姿勢を貫くことだ。

3　「バカ」の拠り所

何よりも、憲法を守らなければならないのは、為政者である。

「バカまるだし」（講談社文庫）という、永六輔と矢崎泰久が対談している本がある。そのなかの「憲法を語るバカ」の章で――

永　本来、一般市民は憲法なんて気にしなくてもいい。それが、平和な世の中というものですよ。市民が「改憲ハンターイ」なんてデモするのは、けっして平和な生活ではない。憲法はあくまで国の舵取りをする政治家や役人、つまり、為政者を縛るための法律なんであって、国民は憲法に縁がなくても、幸せならそれでいいんですよ。

矢崎　聖徳太子はそれをちゃんとわかっていたから、お役人向けに……

永　それが近代社会になって、明治憲法になると、国民向けに発布されることになった。さらに、戦後の昭和憲法になると、より国民に顔を向けるようになったでしょう。主権在民はけっして悪いことじゃないけど、憲法が誰よりも役人にとって大切なものだということが忘れられているじゃないですか。憲法九十九条、ハイ、矢崎くん。

矢崎　うーむ、天皇又は摂政及び国務大臣、国会議員……えーと……裁判官その他の公務員は、この憲法を尊重し擁護する義務を負う。言えた！

永　よく出来ました。（笑）

〈――この憲法を尊重し擁護する義務を負う〉と、第九九条に明記されているにも関わらず、政治家は公然と違反している。

「今日は、安倍内閣の一員としてでなく、一国会議員として議論させていただきます。こう前置きしなければ、野党の皆さんから、大臣として憲法を議論するのは憲法九九条『憲法の尊重擁護義務』に違反していると批判されてしまうので」(「憲法改正大論争」文藝春秋二〇一三年七月号)と座談会で発言しているのは、時の農林水産大臣の林芳正である。違反であることを承知しながら、堂々と違反を口にしているのだから始末におえない。国会議員であろうが、大臣であろうが同じなのが分かっていない。こういう政治家を国会に送り出しているということは、憲法一二条の〈国民の不断の努力――〉が足りないということなのだろう。

「憲法にいくらすばらしいことが書いてあっても、黙っていては何の力にもならない」と言うのは、渡辺治である。

渡辺治著「憲法9条と25条・その力と可能性」(かもがわ出版)で、著者は朝日訴訟をはじめ、〈住友セメント結婚退職違憲裁判〉、〈日産自動車差別停年制違憲裁判〉など、憲法を武器にして立ち上がった人たちが、多くの人の権利を前進させたこと。さらに、戦後民主主義運動を象徴する砂川闘争、新しい運動の組織の芽生えである原水禁運動、安保闘争が保守政治を変え、憲法を生き返らせたと、戦後六〇年以上の歴史を振り返っている。そして、憲法を力にして未来をひらくためには、政治を変える以外にないと。

伊藤真は、著書「憲法の力」(集英社新書)のなかで、〈憲法は主権者である国民のものです。その憲法の力が政治家によって弱められ、ないがしろにされている――日本は今、そんな正念場を迎えています。ところが日本国民の間には、実にまったりとしたムードが漂っています。憲法が本来の力を失い、クーデターが起ころうとしている非常事態なのに、国民がこんなに平静でいられるのはなぜなのでしょうか。さまざまな理由があるとは思いますが、私は「みんなで憲法の話をしてこなかったからだ」と考えています〉と書いている。この新書が刊行されたのは、二〇〇七年である。つまり、クーデターが起ころうとしていたのは、数年前からということになる。その前年に、「みんなの9条」(集英社新書)が「マガジン9条」編集部編で出版された。

「ところで、9条についてどう思いますか?」

話の途中でそう切り出したら、あなたの周りの人はどんな反応を示すだろうか?

職場では、「めんどくさいことを言うヤツだ」としらけた空気が流れるかもしれない。友達からは「いつから左になったの?」と怪訝な顔をされるかもしれない。家族からは「ダサい」と言われるだろうか。ましてこんな世の中である。「改憲反対!」などと少しばかり大きな声で言えば、「ちょっと危ない人じゃない?」とレッテルを貼られそう。しかし、それよりも「けんぽうって、なんだっけ?」「9条ってどういうこと?」と、肩すかしをくらわされることもあるだろう。そんな反応が怖くて、日常生活の中で「9条の話でも、しよっか!」と言い出すことは、なかなか勇気のいることになってしまった。

そうした問いかけに答えて、この本では、9条に対してそれぞれがどう考えていけばいいのか、さまざまなジャンルの方々二十二名の考え方や意見が掲載されている。

作家の橋本治は「必要なのは、軍隊でなく交渉能力」と語り、ゲーム・クリエイターの広井王子は「ムードで高まるナショナリズムや改憲気運は、危険」と。また、小児科医の毛利子来は「戦争は『自衛』をキーワードに始まる」と。この三人の意見を合わせると、自民党が今、口にしている集団的自衛権は「戦争しますよ」と言ってるようなものである。人材コンサルタントの辛淑玉は「9条は世界へ向けた日本の国際公約」と。俳優の愛川欽也は「戦争はいちばん弱い者に、ダメージを与える」と言う。そして、文化人類学者の辻信一は「9条の本領が発揮されるのはこれからだ」と――

僕らはもう、いろいろなとんでもない危機の只中を生きているわけです。気候の急激な変化、大規模になるばかりの災害、生物界に起こっているさまざまな異変……。人類の存続の危機というのは、何千年も先の話ではなくて「今そこにある危機」です。戦争も、自然環境の劣悪化に起因する部分が大きくて、人々は土地や水や石油などの資源をめぐって争いを続けている。こんな大問題をさておいて、北朝鮮が攻めてきたらどうするか、と考えることが、あたかも現実的であるかのように議論されている。僕は、本当に「今そこにある危機」に、話を引き戻していかなければいけないと思うんです。

そして、最後に「やはり9条というのは、命を大切にするという思想でしょう。命を大切にするという思想は、人間中心主義を超えたところに成り立つもの。だから9条に表された平和やヒューマニズムの思想は本質的にエコロジカルなものだと思う」と語っている。

戦争は「殺す」か「殺される」かである。「戦争で死ぬ、ということ」（岩波新書）を書いているのが島本慈子である。この本は、月刊誌『世界』の連載に加筆したもので、著者は大阪大空襲から書き起こしている。

大阪が受けた最後の大空襲は一九四五年八月十四日。終戦の前日である。イタリアとドイツはすでに無条件降伏している。それはまさに、大都市への空襲としては、第二次世界大戦の総仕上げといえるものだった。

著者は言う。〈人間の肉体が飛散し、生首が吹き飛ぶ「大量殺人の現場」から生まれた思いは、その行間に、けっして言葉にはならない慟哭をたたえている〉と。そして、〈伏龍特攻隊——少年たちの消耗大作戦〉、〈戦時のメディア——憎しみの増幅マシーン〉、〈フィリピンの土——非情の記憶が伝えるもの〉、〈殺人テクノロジー——レースの果てのヒロシマ〉と、死に標準を合わせて書き進めている。

最後に、〈悲しみの底まで降りた者だけが、他者の悲しみを予見できる。それを防ぐために働くことができる。このたぐいまれな日本の個性を軽薄に投げ捨てるということは、戦争で死んだ人々にかけても許されない〉と、そして〈この本を、戦争で死んだ人々に。そして、私と同じく、戦争を知らない人々に。〉で結んでいる。

森村誠一が編者になっている「迷子の日本国憲法」（徳間書店）では、吉永小百合は「世界中が憲法九条を持てば、地球に戦争は起こらないのです」といい、ジェームズ三木は「日本国憲法はまさしく、人類理想への道しるべなのです」と。黒柳徹子は「子どもの幸せを願う心を原点に、憲法9条の大切さを考えることこそが必要なのではないかと、私は考えます」、瀬戸内寂聴は「今度、戦争したら日本は滅びます。戦争には絶対反対だと、何度でも私は言います」、木下恵介は「せめて吾々が／平和憲法を／守りぬかなければ、／愚かな戦争で／

死んだ人たちの／魂は／安らかに眠れません」、伊集院静は「安倍さんの発言で驚いたのは『戦後の国民は憲法による刷り込みをされてきた。戦後憲法で国民がマインドコントロールされてきた。戦後レジームからの脱却』と。あの発言は戦後の歴史をすべて否定することになる」、平沢勝栄は「……ところが『護憲、護憲』と言っている人は、憲法がすべてであり『憲法栄えて国が滅んでもよい』という考えで今日まで来ているように思う。これがまかり通っていたのだから、ほんとうにおかしな話である」、舛添要一は「日本の平和と独立、国民の安全を守るために軍隊を持つ（現実に自衛隊が存在している）ことを明記すべきである」など、多くの人が見解を述べている。

「憲法九条を世界遺産に」（集英社新書）では、太田光と中沢新一が対談している。ここで、イラク人質事件で自己責任論が膨れ上がったことに対し、太田は「僕はあの論調を見ていて、なんだこの国はと腹が立ちました。僕だって、若いときは無鉄砲だったし、バカだった。今だって、たいして変わりません。この国は、バカで無鉄砲な、考えの足りない若者は守らないのか、死んでいいのか、と思いました。実際に香田君が殺されたときも、自己責任だったと、国も言うし、国民も言った。自分の国は自分で守りましょうと言っている人たちが、自分たちの国民が殺されて、文句一つ言わないなんて、何が国防なのかと思います。そんな人たちが軍隊を持っていても、戦争なんてできないと僕は思うんですよ」と、語っている。

私が怖いのは、戦争なんか出来ないのではなく、そんな人たちが軍隊をもって戦争することである。どうすれば助けることが出来るかを考えず、政治家が自己責任を口にするのは、無責任極まりないことである。その無責任であることが理解出来てないので、同じことが繰り返されている。安倍政権が続くかぎり、生活が苦しいのも、津波で逃げ遅れても、地震で死んでも、戦争で殺されても、すべて自己責任になるだろう。

『憲法第9条』を世界遺産に！」と、新書版の帯に書いているのが、李盛煥著「近代日本と戦争」（光陽出版社）である。

プロローグで著者は、〈近年、日本は再び右傾化し、憲法九条を改訂して軍隊の保有を合憲化しようとしている。そして、過去の侵略戦争を肯定しようとしている〉と、日清戦争、日露戦争から太平洋戦争まで、日本の突き進んできた道を解説している。

〈小泉政権時代にしきりに言われた「自己決定」「自己責任」は、現実には権限も情報も与えられていない人々にとっては、単なる義務の増加にとどまる傾向があった〉と書いているのは、長山靖生著の「バカに民主主義は無理なのか？」（光文社新書）である。

デモクラシーの語源は、古代ギリシャの「デモス（民衆）」と「クラティア（支配・権力）」に由来するが、それは悪政のひとつの型と見られていた。民衆はバカだと思われており、その「バカ」が口を出す政治だからだ。

ただし、「多くの欠陥ある政治制度のなかでは、まだしも〝ましなほう〟」と見られてきた歴史もある。神が選んだ指導者は代えにくいが、自分たちが選んだのであれば変えやすい。「一年交代で首相が代わるのはみっともない」という説もあるが、「みっともない首相を、ずっと代えられない」よりはマシだ。

小泉政権の後、安倍、福田、麻生とつづき、政権交代後、鳩山、菅、野田と顔が変わっていった。野田首相に至っては、国民の声が「音」にしか聞こえない。となると、国民は絶望するしかない。

ところが、「まだ絶望を語る時ではない」というのが、山口二郎著の「政権交代とは何だったのか」（岩波新書）である。〈まえがき〉には、〈「新政権」を厳しく検証することと、希望を放棄することは同じではない。政権交代によって何を変えることができ、どこに誤りがあったのかを検証することが、今の政治に課せられた使命である〉と。

著者は、〈なぜ失敗し、どこで成功したか〉について、税制、社会保障、沖縄基地問題をあげ、マニフェスト政治の失敗では、〈民主党の場合、マニフェスト自体の洗練度が不足していたという問題と、民主党の政治家がマニフェストの理念や方向性を共有していないという問題の両面から、政策転換のための政治力も戦略も生まれなかった〉、民主党は、内なる抵抗に負けたのである、と断じている。

そして、最後に、〈民主党政権が不手際を重ね、多くの国民は「自民党もだめ、民主党もだめ」という、行き場のない幻滅を抱えている。こうした鬱憤を晴らすための選択肢となったのが、大阪や名古屋におけるローカル政党であり、橋下大阪市長や河村たかし名古屋市長という個性的な地方政治家である〉と。

しかし〈ローカルポピュリズムが民主主義を破壊する〉と、著者はいう。

政治学の世界では、昔から多数の専制をいかに防ぐかというテーマについて、多くの思想家が議論を重ねてきた。今大阪で起こっていることは、まさに多数の専制の見本である。多数を握った権力者が、自分の意思は住民の意思そのものであり、それを修正なしで実現することこそ民主政治だと言い張っている。しかし、民主主義とは、多数派や権力者の可謬性を前提としている。権力者が誤っている可能性があるからこそ、その政策について議論が必要なのである。対話を拒否する民主主義はありえないはずである。

そして、官僚主義の宿業を一層悪化させる尖兵となっていると、具体的に橋下の大阪の教育改革を例にあげている。

橋下市長について、ビートたけしは著書「ヒンシュクの達人」（小学館新書）で〈橋下市長は「落ち目のアイドル」と同じ〉、〈橋下市長はもっと「ニッポン文化」を勉強しろ〉と項目をあげて書いている。

適菜収は、「現代日本バカ図鑑」（文藝春秋）のなかで、橋下徹のことを〈アレがおかしなことを言うのは別に今に始まったことではない。発言のほとんどが嘘、デタラメ、詭弁、暴言なので、列挙すれば本一冊になってしまう〉と。事実、一冊の本にしたのが、松本創の「誰が『橋下徹』をつくったか――大阪都構想とメディアの迷走」（１４０Ｂ）である。

一方、河村たかしについて適菜は、〈河村の政治手法も橋下レベル〉そして、〈この二十年にわたる政治腐敗の延長線上に河村や橋下は発生している。根の部分から断たない限り、バカのバカによるバカのための政治が今後も横行することになるだろう〉と。

一流のバカが三流のバカのための政治をしてくれることは、私は大歓迎である。ところが、詐欺師が政治をやってるから困るのだ。その一つが〈国旗・国家法〉である。政府は「学校現場への強制はしない」と繰り返したが、実態は全く違った。嘘ついて他人に損害を与えたのだ。これを詐欺と言わず、何という。根っこは、詐欺師を選んだところにあるけれど…。

4　「バカ」の党

「行動力のあるバカほどやっかいなものはない。日本で一番いやがられる国会議員になりたい。どうか、国会に送りだしてください」と訴えたのは、山本太郎である。彼は二〇一三年の参議院選挙で、無所属で東京選挙区から立候補して当選した。

〈政治家のひとつひとつの決断や行動が重大な結果につながり、重い責任を負う立場にあるということを肝に銘じてほしいのです。あまりのタイミングの悪さや軽はずみの言動に、私たちはがっかりして怒りを感じてしまうのです〉と書いているのは、『「バカ」は性格か!?』（ブックマン社）の著者篠原菊紀である。

どういう人を「バカだな」と思うかについてのアンケートで、一番多かったのは「会話が成り立たない」に続いて「自分のことばかり話す人」とある。これは、政治家に多い。というのは、軽減税率もここまで頑張りましたと実績を主張するのだ。五番目に「失言が多い」ことが、44・8％とほぼ半数に迫っている。失言とは、〈言ってはいけないことを、つい言ってしまうこと〉と、広辞林（三省堂）にはある。

政治家の失言と言われたのを思いつくまま列挙してみると、「女は子供を産む機械」とか、

「原爆（投下）は、しょうがない」、「核を持たない限り、一人前には絶対扱われない」、「集団レイプする人は、まだ元気があっていい」、「無党派層は、選挙の日には寝ててくれればいい」、「従軍慰安婦は必要だ」、「ナチスに学べばいい」、「最後は金目でしょう」、「慰安婦はビジネス」、「何の科学的根拠もない」、「アメリカは黒人が大統領になっている。これ、奴隷ですよ」、「巫女さんのくせに何だと思った」などなど。

つまり、失言といってるのはマスコミだけで、発言した議員は何が問題なのか分からず口先だけで、「謝罪する」とか「撤回します」と言っているだけである。

文化芸術懇話会で、「マスコミを懲らしめるには、広告料収入がなくなるのが一番」とか、「スポンサーにならないことが、一番マスコミはこたえる」と発言した議員もいた。

国会で堂々と、「半世紀前に出来た憲法を、後生大事にしがみついているのはまずい」とか、「約束を守らないことは、大したことじゃない」と発言している首相もいたのだから党員である彼らの発言は無理もない。

小学校では子供たちに「約束は守らなければいけません」と教えているが、大人たちが「約束を守らないことは、大したことじゃない」のである。横断歩道で信号が赤のときは、渡ってはいけないという約束ごとがあっても、それを守らないのは大したことじゃないのである。学校で「人を殺してはいけない」と教えても、「シュウダンテキジエイケン」を行使すれば、殺してもいいのである。

「そんな『バカ』な話があるか」と、私は「バカの党」をつくろうと思いたつ。結党宣言は、マルクス・エンゲルスの「共産党宣言」から、ちょっくら拝借。

「馬鹿の党」宣言

一つの妖怪が日本に現れた、馬鹿の党という妖怪が——。

あらゆる権力が、この妖怪に対する神聖な討伐の同盟を結んでいる。およそ世の中で、権力者から「馬鹿者」と罵しられなかった者がいるだろうか。権力者に従わない者には、「馬鹿者」という烙印をおす。

いまこそ、「馬鹿者」は一つの力にならなければならない。「馬鹿者」が、その見解、その目的、その傾向を日本国民の前に公表すべきときである。


かつて、「サラリーマン新党」とか「税金党」、「福祉党」などがあった。一九八九年の参議院選挙では、サラリーマンの支持を得た「サラリーマン新党」は二人の当選者をだした。

「バカの党」がターゲットにする票は、棄権票である。

棄権する人たちの思惑は様々で、一票を投じたところで、世の中変わるものではないと思っている人。なるようにしかならないと思っている人。現在の政治に不満を持っている人、選挙とか、政治には全く無関心で見向きもしない人。諦めている人もいる。そうした人達に向かって、「投票用紙は、家庭のごみ箱に捨てないで下さい。投票所に足を運んで、『バカ』と書いて、投票箱に捨ててください。鉛筆の芯が折れても結構ですから、力強く『バカ』とだけ書いて投票箱に捨てて下さい。『バカと鋏は使いよう』です。『バカ』を使うのは、あなたです。「バカの党」は、現在の日本国憲法を忠実に実行します。私の選挙ポスターには、『憲法を忠実に実行します。九九条を守ります』としか書いていません。憲法は「バカ」も「利口」も法の下平等に、集会・結社・表現の自由を保障しすべて国民は個人として尊重されるのです。いま、街に貼られている選挙ポスターは名前と顔のオンパレードです。あのデカイ顔を見て、私は昔の淫売宿を思いだします。昔の淫売宿には、女性の顔の写真がずらりと並んで貼られていました。今や政治家は淫売夫に成り下がっています。さもなくば、ヤクザです。ヤクザは顔を売って商売が成り立ちます。政治家も顔を売るのが商売だと思っているようです。そして、皆さんを騙すのも政治家です。でも、皆さんは騙されたという意識がありません。騙されても、騙されてもついていく。あの大東亜戦争では多くの人が家を焼かれ、肉親を失いました。でも、すぐに忘れてA級戦犯容疑者を総理大臣にしました。そして、今度はその孫を総理大臣にしました。その孫は、集団的自衛権の行使とかいって、再び戦争の出来る国にしました。第1次大戦で敗北したドイツは、第2次大戦にのぞみ再び敗北しました。連戦連勝の日本は第2次大戦で敗北しました。そこで、ドイツのように再び戦争をしようというのでしょうか。戦争は二度としてはならない、これが「バカの党」の公約です。どうか、皆様の一票を『バカ』の党にお願いします。来たる投票日には、比例区に力強く「バカ」と書いて、惜しげもなく、投票箱にその一票を捨てていただきたい」と、訴えるのだ。

だが、その前に必要なのが金である。比例区の場合、国に納める供託金の他、事務所、選挙カー、ビラの印刷費など必要である。私には、その肝心のお金がない。

「国政への出馬には5000万円から1億円かかる。たいていは自分の実家か奥さんの実家が出すことになる」

公職選挙法では、選挙費用の上限を定めている。参院比例区なら、候補者1人につき5200万円、選挙区なら、有権者数にもよるが、1人5000万円前後である。

（若林亜紀著「体験ルポ　国会議員に立候補する」文春新書）

たとえ、金を工面して立候補しても、泡沫候補の部類に入れられるかも分からない。ミニ政党間に埋没してしまうかも分からない。ポスターや選挙ビラ、選挙ハガキの印刷など税金で賄ってくれるものもあるが、なけなしの金をはたいた上に、供託金まで没収されてはたまったものじゃない。そこで思い出したのが、かつて、なだいなだが提唱した「老人党」だ。その「老人党」とは、どんな政党か――

仮想政党（ヴァーチャル政党）です。党首や党員のいる現実の党ではありません。主としてインターネットのホームページの上に存在する政党です。さらにコンピューターを武器にしてもけっこうです。

コンピューターもケイタイもない人は入れないか、という質問がありますが、そんなことありません。自分でそのつもりで活動すれば、つまり隣近所の老人はもとより若い人にも、自分は老人党員であり、今度の選挙では、老人を馬鹿にするような政治をしてきた政治家に、ノーを突きつけよう、と話をしているだけでいいのです。簡単です。

当然、党首も幹事長もありません。だれでもが自由に老人党だと名乗ることが出来ます。自分がこの人たちと同じだ、と自覚したときからあなたは老人党です。

（なだいなだ「老人党宣言」筑摩書房）

そして、〈入党手続きも、会費も要りません。必要なのは世直しの志です〉と書いている。「老人党」は、〈老人を馬鹿にするような政治家に、ノーを突きつけよう〉と。「バカの党」は、老人を馬鹿にしても結構だ。しかし、何歳から老人というのか。

日野原重明は、六十五歳以上を老人というのはおかしい、七十五歳を老人にしようと言って「新老人の会」を立ち上げた。

「新老人の会」というのは、自分がよく生きる、そして、その生き方が日本をよくする、日本だけではなしに世界をよくする、平和に向かう生き方をしなくてはならないということを考える人びとの集まりです。

この会の会員は現在、一万二千人弱ですが、やがて二万人、三万人になり、この勢いで、国民投票で反対が過半数を超えるような運動にしたいと思っております。「新老人の会」だけでなく、全国にある「九条の会」をはじめとする様々な団体が「新老人の会」と同じような戦略を使えば、これは必ず実現することができます。日本の行方を変えることができるのです。(日野原重明・宝田明・澤地久枝著「平和と命こそ〜憲法九条は世界の宝だ〜」新日本出版社)

そして最後に「よき友を持とう。未来に向かって勇気を持って、ともに前進しよう。これは世界平和のためなのです。もっともっとアクセルを踏んで、そうして前進して上へ向かって歩いていこうではありませんか」と訴えている。

「バカの党」も、「新老人の会」や「九条の会」をはじめとする様々な平和を目指す団体と連携していけば、日本の行き方を変えることができると信じている。

私は、澤地久枝の詩である〝誓い〟の一節を口ずさむ。

――

信じるままを飽くことなく言う
それ以外に
私のような人間には生きていく道はない。
投げつけられる非難の言葉が
「バカ」であっても
「アカ」であっても
それにたじろぐまい

無視され阻害されようとも
私は私の道をゆこう。

（文中、敬称は省略させて頂きました）

〈おわりに〉

この本が出版される前に突然、私の妻が他界した。

その日から、真夜中に目が覚めて眠れない。日中、本を読んでも頭に入らない。息苦しい。切ない。気を紛らわそうと外に出る。つまらない。「壊れる」とは、こういう状態なのかと思った。しかし、この「壊れ」は時間が修復してくれるだろう。

だが、修復できない「壊れ」がある。アメリカ人アダムという二十八歳になる兵士は、「壊れちまった」なかの一人である。

アダムと共に戦争にいったあらゆる兵士たち——小隊三十人、中隊百二十人、大隊八百人——は、元気な者すら程度の差はあれ、どこか壊れて帰ってきた。アダムと行動を共にしていた兵士の一人は、「悪霊のようなものに取りつかれずに帰ってきた者はひとりもいないと思う。その悪霊は動き出すチャンスを狙っているんだ」と言う。

(デイヴィッド・フィンケル著、古屋美登里訳『帰還兵は何故自殺するのか』亜紀書房)

アフガニスタンとイラクに派遣されて帰還した兵士は壊れ、毎年240人以上が自殺している。

「殺せ！　殺せ！　殺せ！　容赦なく殺せてこそ兵隊だ！」——が、のちに彼は自分がこの気風に呑まれていることに気づいた。「ぼくはロボットにはなりませんでした」と、ミロードは告白している。

「でもそれにかぎりなく近い状態にはなりうるんです。恐ろしいことに」別の帰還兵はこう言っている。

「一一カ月かけて、わたしは殺人をするように訓練されました。八週間の基礎訓練のあいだもずっと「殺せ」「殺せ」と叫んでいたんです。だからベトナムに行ったときには、いつでもすぐに人を殺せるような気がしていました」

（ニック・タース著、布施由紀子訳「動くものはすべて殺せ」みすず書房）

日本もアメリカ兵士のような修復できない人間を国が生産し、さらに自殺者を作りだそうとしている。私は「バカ」になって、「憲法を守れ！」「戦争法を廃止せよ！」と叫びつづける。

〈著者略歴〉

奥薗　守（おくぞの　まもる）

1932年、水原生まれ。中央大学卒業。総理府恩給局を経て、オートスライドプロダクションに入社。退職後、教育及び産業関係の映画、ビデオ、オートスライド等のプロデュースや監督も手がけシナリオを多数執筆。他に日活映画『ハイティーンやくざ』やテレビ『われら青春』など。オートスライドでは文部省選定や文部大臣賞受賞。著書に「こわーいお話」（九条の会市川）や「狂気のなかにいた役者 川谷拓三伝」（映人社）などがある。日本放送作家協会、日本脚本家連盟所属。

「バカ」と「憲法」

平成二十八年七月二十日　第一刷発行

検印省略

著者　奥《おく》薗《ぞの》　守《まもる》

発行者　石澤　三郎

発行所　株式会社　栄光出版社

〒140-0002　東京都品川区東品川1の37の5

電話　03(3471)1235

FAX　03(3471)1237

印刷・製本　モリモト印刷㈱

ISBN 978-4-7541-0156-5